IV. FACTUM

Pour les petits Fils & Heritiers de Feu Jean Otto Acquoy, & petits Neveux de Feu Illuſtriſſime & Reverendiſſime Meſſire Cornelius Janſenius Evéque d'Ipre, Demandeurs.

CONTRE

Le P. Cornelius Hazart Preſtre Jeſuite à Anvers, & M. Antoine Hoeſſlaegh, Défendeurs.

POUR SERVIR DE REPLIQUE

A un Ecrit intitulé : REPONSE *au Factum pour les Parens de l'Illuſtriſſime Seigneur Cornille Ianſenius comme Demandeurs en matiere d'injure , contre le Tres-Reverend Pere Cornille Hazart , &c.*

LEs Demandeurs ont differé juſques icy de repliquer à cet Ecrit, où on ne répond qu'à leur premier Factum publié il y a plus de trois ans , parce que le troiſiéme fait voir que cette prétendue Réponſe eſt remplie de fauſſetez ſi palpables , qu'il y avoit de l'apparence que les Jeſuites la deſavoüeroient, & qu'ainſi ç'auroit eſté peine perduë que de la refuter.

Mais ayant appris que loin de la deſavoüer, ils la donnent eux-mêmes à des Perſonnes de qualité comme une excellente piece, qui fait triompher le P. Hazart de ſes Accuſateurs en matiere d'injure, & qu'ils l'ont même traduite en Flamand afin qu'elle pût eſtre vûë de plus de perſonnes, on s'eſt cru obligé de ne la pas laiſſer ſans replique , à cauſe ſur tout que les Jeſuites y ont avancé la plus inſigne & la plus atroce calomnie que l'on ſe puiſſe imaginer contre une Perſonne de condition, qui a vécu & qui eſt mort dans la plus haute reputation qu'un particulier puiſſe avoir de probité dans les choſes humaines , & de pieté envers Dieu.

Comme l'Auteur de cette Réponſe ne ſe nomme point , & que l'on ſçait ſeulement qu'elle a eſté imprimée à Anvers où eſt le Pere Hazart , & que les Jeſuites la répandent dans le monde , ils ne doivent pas trouver mauvais qu'on la leur attribuë comme en eſtant au moins les Approbateurs. Car puiſqu'ils prétendent en tirer de l'avantage la croiant bonne, il eſt juſte qu'ils en aient la confuſion s'il ſe trouve que c'eſt un amas monſtrueux de toutes ſortes d'impoſtures.

On ne s'adreſſera neanmoins qu'à l'Auteur de la Réponſe quel qu'il puiſſe eſtre, & on ne s'arreſtera point aux vetilles du Preambule. On ira tout d'un coup au fond, c'eſt à dire aux 4. calomnies , & on commencera par la derniere comme il fait luy-même.

De l'Assemblée de Bourgfontaine , qui est la quatriéme calomnie du Pere Hazart.

VOus trouvez étrangé , qui que vous soyez , que l'on veuille faire passer pour un Roman diabolique l'Assemblée de Bourgfontaine , *où il fut* , dites-vous , *complotté d'abolir peu à peu le Catholicisme & établir le Deisme , en persuadant au peuple que les Mysteres de nostre créance ne font que des inventions pour duper.* Vous avoüez *que ce dessein est le plus abominable que l'Enfer pût avorter.* Vous prétendez neanmoins que l'on n'en doit pas douter. Et voicy les *faussetez* de droit & de fait que vous employez pour le rendre croiable.

I. FAUSSETE' DANS LE DROIT.

M. Jean Fileau Chevalier de l'Ordre de S. Michel , Conseiller du Roy , premier Advocat du Presidial de Poitiers (il faut ajoûter à ces qualitez celles de grand devot des Jesuites , & d'ennemi declaré des prétendus Janseniftes) *ayant mis dans fon Livre qu'il avoit eu les propositions de cette clandestine Assemblée de la propre bouche d'un Ecclesiastique qui assuroit d'avoir intervenu luy-même , peut estre reçû pour un témoin irreprochable , & d'une suffisante autorité à pouvoir faire croire ce fait.*

SI C'ESTOIT LA une des leçons qu'auroient données au P. Hazart ces sçavans Jurisconsultes qu'il dit avoir consultez , il faudroit que ce fussent les plus ignorans & les plus impertinens de tous les hommes. En des choses de neant , où personne n'est interessé , & qui arrivent tous les jours , il faut peu d'autorité pour les faire croire. Mais dans une chose aussi horrible , aussi extraordinaire , aussi prejudiciable à la reputation de 5. ou 6. personnes d'honneur , telle qu'est une conspiration pour abolir les mysteres de la Religion Chrestienne , que *Fileau puisse estre reçû pour un témoin irreprochable* (luy qui n'en est pas même témoin , mais qui dit seulement l'avoir appris d'un autre) *& qu'il soit d'une suffisante autorité pour faire croire ce fait,* c'est le plus extravagant paradoxe en matiere de droit qui se puisse imaginer. Si cela estoit , comme vous le pretendez , il faudroit que M. de Maupas Evêque d'Evreux qui avoit bien un autre rang dans le monde que le S. Fileau , eust esté *un témoin irreprochable & d'une suffisante autorité pour faire croire ,* que M. Arnauld & une Princesse du sang avoient esté au Sabbat , puis qu'il est certain que ce Prelat a assuré à plusieurs personnes , qu'il avoit appris d'un sorcier converti qu'il avoit vu ces deux personnes dans cette Assemblée , & que la premiere y avoit fait une fort belle harangue aux diables.

2. FAUSSETE' DANS LE DROIT.

Quelle obligation avoit le S. Filleau de reveler le delateur ? ou quel avantage auroit-ce esté pour luy , puisque ceux qui font acharnez de decrier M. Fileau pour un menteur ou imposteur auroient fait tout autant avec cet Ecclesiastique. Outre que manifester fon homme n'estoit pas expedient à Filleau pour couvrir fon menfonge ; ...... car s'il euft voulu tromper il pouvoit forger un mort de ce caractere.

Voilà un estrange Galimathias. Il s'agit de sçavoir si Fileau n'estoit point obligé

(3)

gé de reveler son pretendu delateur ; & on nous vient dire que *cela ne luy auroit esté d'aucun avantage :* (on le croit bien) *& que manifester son homme ne luy auroit pas esté expedient pour couvrir son mensonge.* Mais il n'y a que les fourbes qui ne font pas ce qu'ils seroient d'ailleurs obligez de faire selon les regles de la justice, parce qu'ils ne trouvent pas que cela leur fust expedient pour couvrir leurs mensonges. Quoy qu'il en soit (car c'est peut-estre que vous vous expliquez mal, & que voulant faire entendre l'un vous dites l'autre) on a fait voir dans le 3. Factum p. 6. à quoy estoit obligé le S. Fileau dans une rencontre aussi extraordinaire que l'auroit esté cette pretenduë *delation,* pour travailler sincerement à en decouvrir la verité ou la fausseté : & il n'y a point d'homme sage qui ne juge, qu'estant aussi habile qu'il estoit dans les procedures de la justice, il n'en a pû omettre de si necessaires & de si essentielles dans une chose si importante, que parce que ce pretendu delateur n'a jamais esté qu'une chimere travestie en Ecclesiastique de qualité. *Mais,* dittes vous, *il auroit pû, pour couvrir son mensonge, forger un mort de ce caractere.* C'auroit toujours esté un violent soupçon de fourberie de ne pouvoir nommer qu'un mort pour témoin d'une entreprise si diabolique & si peu croiable. Et qui sont les juges qui n'envoiassent au moins aux galeres un homme qui auroit publié contre des gens d'honneur dans un livre imprimé portant son nom, des choses si horribles & si abominables, n'en pouvant donner pour preuve que le temoignage d'un mort ? Où en seroit la reputation des plus gens de bien, si elle estoit exposée à estre flestrie par des accusations atroces si mal fondées ?

3. 4. & 5. FAUSSETE' TANT DE FAIT QUE DE DROIT.

Vous rapportez dans la p. 37. une lettre de la feu Reine-mere au Sieur Fileau, qui fait voir, dites vous, *qu'elle prit tant de goust à sa Relation juridique avant son impression, qu'elle le daigna de l'honneur de son commandement de la faire imprimer:* d'où vous voulez qu'on infere, que le P. Hazart a eu lieu de prendre pour veritable tout ce qu'il a trouvé dans une relation approuvée par *Anne d'Austriche fille, femme & mere de Roy.* Car pour ne rien perdre de vostre beau stile : *L'infamie de Jansenius,* dites vous, *subsistera toujours, & on ne l'en peut dedomager, à moins que d'evaincre par des preuves concluentes, au lieu des exclamations & des figures de rhetorique, qu'une Anne d'Austriche fille, femme, & mere de Roy se soit repait de fables.*

Que ce discours est eloquent & bien tourné ! C'est dommage qu'il y a tant d'erreurs de fait & de droit.

1. C'est un erreur de fait, qu'Anne d'Autriche *ait pris du goust à la Relation de Fileau avant l'impression* : il faut avoir lû, ou s'estre fait lire un livre, pour y avoir pris du goust : or Anne d'Austriche ne dit point que Fileau luy eust envoié sa Relation avant qu'elle fust imprimée, & qu'elle eut pris du goust à la lire ; mais seulement *qu'elle avoit appris qu'il faisoit une relation de tout ce qui s'estoit passé à Poitiers,* &c. Elle n'approuve donc que le dessein general d'un livre que l'on vouloit faire, & non pas le particulier de ce qui pouvoit estre dans un livre qu'elle n'avoit pas vû.

2. C'est une autre fausseté qu'il paroisse par cette lettre que la fable de Bourg-fontaine ait esté regardée par cette Reyne comme une verité. Elle n'y parle que de *ce qui s'estoit passé à Poitiers sur le sujet des nouvelles opinions de Jansenius qui avoient*

A 2

esté

esté condamnées par le Pape, dont quelques particuliers avoient parlé, & d'autres avoient écrit. Or l'assemblée de Bourg-fontaine ne sçauroit faire partie de *ce qui s'estoit passé à Poitiers sur le sujet des nouvelles opinions de Jansenius.* C'est donc une impertinence signalée d'alleguer la lettre de cette Reine pour monstrer, que si ce que conte Fileau de cette assemblée estoit une fable, il s'ensuivroit *qu'une Anne d'Autriche, fille, femme, & mere de Roy se seroit repue de fables.*

3. C'est une erreur dans le droit de s'imaginer, que parce qu'une Reyne, *est fille, femme, & mere de Roy*, elle ne puisse estre trompée par un imposteur. David l'a bien esté par Siba, & Constantin par les ennemis de S. Athanase, qui aiant surpris cet Empereur par leurs mensonges furent cause qu'il le chassa de son Eglise & l'envoia en exil.

6. & 7. FAUSSETE'.

Pourquoy n'a-t'on pas contraint Fileau par la voie de la justice, ou ne l'a-t'on pas fait declarer un infame imposteur : veu que la France à ce temps-la estoit bien garnie de puissans personnages, qui de toutes leurs entrailles eussent épousé cette querelle, s'ils eussent pû trouver moien de reussir, & s'ils n'eussent apprehendé (comme l'on peut fort raisonnablement presumer) de susciter à leur honte encor plusieurs autres affaires. Car j'ay grand sujet de soupçonner, que telle conference parmy les affidez se tint plus d'une fois.

Ce sont deux nouvelles faussetez tres-mechantes ; L'une est qu'il est à presumer qu'il y a eu plus d'une conference semblable à celle de Bourg-fontaine. Dieu vous pardonne, qui que vous soiez, un soupçon si maling. C'est comme si on disoit qu'il est à presumer que M. Arnauld a esté plus d'une fois au Sabbat.

L'autre que c'est l'apprehension [de s'attirer d'autres affaires qui a empeché qu'on n'ait poussé Fileau par la voie de la justice. Comme s'il n'y auroit pas eu autant sujet de craindre de se les attirer en le traitant aussi fortement qu'on l'a fait par des livres imprimez? Luy a-t'on jamais epargné les noms d'imposteur & de calomniateur public? Voicy donc ce qui a pû estre cause qu'on ne luy a pas fait de procés. Des 6 Personnages de la conference chimerique il n'y en avoit plus qu'un qui fut en vie. C'estoit A. A. qu'on n'a jamais pû croire raisonnablement estre autre qu'*Antoine Arnauld*. Or cet Ant. Arnauld ne se monstroit plus depuis l'ordre que ses ennemis luy avoient fait donner, d'aller à Rome rendre compte au Pape de la doctrine de sa Frequente Communion, sur quoy toutes les Compagnies, le Clergé, le Parlement, l'Université, la Faculté de Theologie & la Maison de Sorbonne en particulier firent des Remonstrances à la Reyne, ce qui le mit hors d'estat de déferer à cet ordre, parce qu'il ne l'auroit pu faire sans prejudicier aux droits du Royaume. Comment donc n'osant paroistre auroit il pu faire un procés à Fileau devant des Juges? Il ne pouvoit que luy en faire un devant le grand Tribunal du monde. Et c'est aussi ce qu'il ne manqua pas de faire comme on a veu par le 3. Factum.

Il faut neanmoins avouer, que quand il auroit esté en pleine liberté, il n'eust peut-estre pas esté de la prudence d'entreprendre un procés en forme contre Fileau. La Cour estoit si prevenue contre ce qui s'appelle Jansenisme, & le premier Ministre si interessé à favoriser le decri que l'on faisoit des pretendus Jansenistes, parce qu'il les croioit amis du Cardinal de Rets, que ç'auroit esté une folie d'espe-

rer

ter qu'il euſt permis qu'on euſt fait ſouffrir à Fileau dans une juſtice reglée la peine qu'il meritoit pour une ſi abominable calomnie. En voicy deux exemples qui en convaincront tout le monde.

Un Preſtre tres-dereglé avoit jetté un devolu ſur la chanoinie d'un Eccleſiaſtique tres-pieux qui avoit ſigné le Formulaire en ces termes : *dogmatibus fidem, faſtis reverentiam promitto*. La cauſe ſe plaidoit au grand Conſeil : l'Advocat du Devolutaire avoit achevé; & celuy du Chanoine fut remis à un autre jour. Mais la Cour aiant appris qu'il y avoit information de divers crimes honteux du Devolutaire, que l'Advocat du Chanoine luy devoit reprocher en pleine audiance, ce qui auroit couvert de honte ceux qui avoient ſollicité pour ce ſcelerat, qui diſoit aux Juges qu'il alloit voir, que ce n'eſtoit pas tant ſa cauſe que celle des Peres Jeſuites, on envoia au grand Conſeil une lettre de cachet qui luy faiſoit defenſe de paſſer outre.

L'autre exemple eſt de Fileau meſme, qui fait voir en meſme temps qu'on ne peut eſtre plus hardy à mentir. Il avoit eu l'inſolence de faire bruler par la main du Boureau (comme il s'en vante luy meſme dans ſa Relation juridique) la Lettre Paſtorale de Mr. de Gondrin Archevéque de Sens, qui avoit eſté rimprimée à Poitiers, ſous le faux pretexte que c'eſtoit une piece ſuppoſée. C'eſtoit un menſonge evident, & toute la France ſçavoit qu'elle eſtoit certainement de cet Archevéque, qui avoit grand intereſt de faire punir un tel attentat. Il aima mieux neanmoins abandonner cet impoſteur à l'infamie publique, que de faire un procés à un homme appuié de la Cour, & ſoutenu des Jeſuites, où il auroit eu cent chicanes à eſſuier. Seroit-ce une bonne preuve que cette Lettre Paſtorale eſtoit vraiment ſuppoſée, de ce que Fileau n'a point reçu la punition qu'il meritoit pour un menſonge ſi inſolent.

8. F A U S S E T E'.

Par où nous conſte-t'il que Fileau ait eſté ſouvent requis de reveler l'Eccleſiaſtique qui luy a decouvert les ſecrets de Bourg-fontaine? Il n'y a que l'Advocat deguiſé qui le dit. p. 6. & 7.

N'eſt-ce pas en avoir requis Fileau, que d'en avoir requis les Jeſuites qui avoient entrepris par leur P. Meynier la defenſe de cette calomnie de Fileau? Ecoutez donc ce qu'on leur dit dans la ſeiziéme des Lettres Provinciales prés de 30. ans avant le Factum de celuy que vous appellez l'*Advocat deguiſé*. Vous le trouverez dans le 3. Factum p. 10. *A quelle extremité eſtes vous reduits puiſqu'il faut neceſſairement que vous prouviez que Meſſieurs de Port-Royal ne croient pas en J. C. ou que vous paſſiez pour les plus abandonnez calomniateurs qui furent jamais. Prouvez le donc, mes Peres. Nommez cet Eccleſiaſtique de merite que vous dittes avoir aſſiſté a cette aſſemblée de Bourg-Fontaine en 1621. & avoir decouvert à voſtre Fileau le deſſein qui y fut pris de detruire la Religion Chreſtienne .... Il faut parler mes Peres, &c.*

9. F A U S S E T E'.

Pour autant que la choſe regarde l'hiſtoire cette preuve (il entend le témoignage de Filleau) eſt plus que ſuffiſante, apres qu'elle eſt devenue publique, & qu'elle a ſubſiſtée trente ans SANS AUCUNE CONTRADICTION, *pour la pouvoir d.biter ſans meriter d'eſtre appellé impoſteur.* p. 13.

A 3   C'eſt.

C'eſt demeurer d'accord , que ſi bien loin *que cette pretendue preuve eut ſubſiſté trente ans ſans aucune contradiction* , elle avoit eſté contreditte & tres fortement com‑battue ſi-tôt qu'elle a eſté rendue publique , on ne pourroit debiter dans une hi‑ſtoire un complot ſi abominable & ſi mal prouvé , ſans meriter d'éſtre appellé im‑poſteur. Or il ne faut que lire les pages 8. 9. 10. du 3. Factum pour eſtre con‑vaincu que ce Roman diabolique a eſté combattu avec une force terrible dés l'an‑née 1655. & 1656. plus de 30. ans avant le premier Factum.

Puis donc que ce que vous alleguez pour monſtrer que le P. Hazart n'a pas me‑rité d'eſtre appellé impoſteur , eſt une fauſſeté manifeſte , vous donnez par là lieu de conclure à toutes les perſonnes equitables , que les Parens de M. Janſenius ont eu raiſon de l'accuſer d'eſtre un impoſteur , pour avoir publié dans ſon hiſtoire comme une verité , un fait ſi peu croyable , ſi prejudiciable à l'honneur de leur grand Oncle & de tant d'autres perſonnes, & ſi fortement rejetté comme tres-faux & tres-calomnieux dés qu'on a eu la hardieſſe de le produire dans le monde.

10.　Faussete , contre le sens commun.

J'appelle fauſſetez contre le ſens commun , des conſequences folles & inſen‑ſées que l'on tire de faits innocents pour en faire des preuves de crimes enormes.

C'eſt ce qu'on ne peut s'empecher de vous reprocher que vous avez fait en pre‑tendant avoir trouvé de grandes preuves de la fable de Bourg-fontaine dans les let‑tres de Janſenius a l'Abbé de S. Ciran. Mais il eſt bon de dire un mot de l'hiſtoi‑re de ces lettres.

On n'a jamais diſſimulé que Jean du Verger de Hauranne & M. Janſenius n'aient eſté amis intimes. Les Jeſuites leur en font un crime , & ce leur eſt un ſujet de gloire parmy les honneſtes gens. Ceux de ce pays-cy peuvent apprendre de Valere André dans ſes faſtes Academiques, d'où eſtoit venue cette connoiſſance. Il dit *que* ***Pag.*** *Janſenius aiant eſté en philoſophie , le premier de l'Univerſité , aprés avoir étudié* ***183.*** *quelques années en Theologie il ſe reſolut d'aller en France tant pour ſa ſanté qui pour cultiver davantage ce que Dieu luy avoit donné d'eſprit. Il y paſſa 10. ou 12. ans une partie à Paris & l'autre à Bayonne : ne ceſſant de s'appliquer à l'étude des langues Grecque & Hebraique : & à la lecture des SS. Peres & principalement de S. Augu‑ſtin.* Or ce fut chez M. d'Hauranne, qui fut depuis Abbé de S. Cyran, que M. Jan‑ſenius paſſa les 5. ou 6. années qu'il fut à Bayonne , s'appliquant à lire les Saints Peres & S. Auguſtin avec tant d'aſſiduité que Janſenius ne paroiſſant pas ſi robu‑ſte , la Mere de M. d'Hauranne diſoit quelquefois à ſon Fils , qu'il tueroit ce bon Flamand à force de le faire étudier. On ne croit pas que vous oſiez dire que cet‑te grande application a eſtudier S. Auguſtin & les autres Peres eſtoit une bonne preparation à devenir Deiſte. Mais on vous avoüera ſans peine que ce fut appar‑remment lors qu'ils eſtoient enſemble que fut pris le deſſein que M. Janſenius à exe‑cuté depuis, y aiant travaillé pendant plus de 20. ans, à expliquer les ſentimens de S. Auguſtin touchant la grace par S. Auguſtin meſme. Et comme il eſtoit aiſé de prevoir, que les ſentimens de ce Pere, pris dans leur ſource, ſe trouvant fort con‑traires aux nouveautez de Molina, les Jeſuites feroient joüer toutes ſortes de ma‑chines pour faire avorter un tel ouvrage, s'ils en avoient connoiſſance, on voit aſ‑ſez que c'eſt ce qui les fit reſoudre à garder un grand ſecret, & à n'en parler qu'a

peu

peu de perſonnes d'autorité & de pieté, qui ayant de la veneration pour S. Auguſtin, tiendroient à honneur de ſe declarer les protecteurs de ſa doctrine.

C'eſt ſur ce ſecret qu'eſt fondée la premiere de ces impertinences, que j'appelle des fauſſetez contre le ſens commun. Car vous trouvez que c'eſt une grande
vraiſemblance pour la verité de l'aſſemblée de Bourg-fontaine de ce que les lettres
de Janſenius, que les Jeſuites diſent eſtre entre leurs mains, ſont pleines de noms
feints qu'ils ſe donnoient l'un à l'autre, & qu'ils ny mettoient point leur nom.
Il faut vous entendre parler.

Je trouve une grande vraiſemblance (que cette aſſemblée ſe ſoit tenue en 1621.)
*1. pour avoir commencé S. Cyran & Janſenius à etablir cette année leur commerce par
des noms deguiſez. Janſenius ſe nommoit Boetius, Sulpitius, Quinquarbre ; Jean de
Verger Abbé de St Cyran eſtoit caché ſous les noms de Célias, Solion &c. Les Jeſuites
eſtoient ſignifiez par Portis, Pacuvius, Gorphoroſte. Le livre de Janſenius & le but de
toute la cabale eſtoit denoté par Pilmot, Cumar &c. 2. parceque du principe de Feb-
urier de l'an 22. Janſenius en ſuite du commandement de l'Abbé de S. Cyran, a
commencé à ne mettre plus ſon propre nom ſous ſes lettres. 3. Que Janſenius à commencer de l'an 21. fait tres ſouvent mention dans ſes lettres d'une grande affaire,
pour laquelle, afin de bien conduire eux & encore d'autres eſtoient complottez & ju-
ré fidelité, & pour laquelle ils avoient beſoin & recherchoient pluſieurs, mais ſur tout
de ceux qui eſtoient en dignité & d'autorité. Je dis donc que ceux qui entretiennent
un ſemblable commerce doivent eſtre ſuſpects de fomenter quelque infame complot.*
Vous DIREZ ce qu'il vous plaira, mais il me ſera libre auſſi de dire de mon coſté,
que ceux qui ſur de pretendus *vraiſemblances* ſi folles & ſi ridicules, oſent rendre
les gens *ſuſpects de fomenter quelque infame complot*, tel qu'eſt le deſſein de faire
paſſer l'Evangile pour une fable, doivent eux mêmes eſtre ſuſpects, ou de n'a-
voir pas de ſens commun, ou d'eſtre aveuglez par une infame & tres criminelle paſ-
ſion de calomnier leur prochain. Car eſt-ce qu'il n'y a point d'affaire, que des gens
ſages puiſſent juger que l'on doive tenir ſecrete, & employer pour cela les moins
ordinaires dont on a accouſtumé de ſe ſervir, que ce ne ſoit vrayſemblablement
quelque infame complot ? Eſt-ce qu'on ne peut pas avoir beſoin de la protection
des perſonnes d'autorité pour les meilleures cauſes, & qu'il faut que ce ne ſoit que
pour appuyer *quelque infame complot* ? A qui perſuaderez vous de ſi grandes
abſurditez ? Mais on reſerve à la 12. fauſſeté à appliquer plus particulierement aux
lettres de Janſenius, ce qu'il y a de plus fou dans ces conſequences.

11. FAUSSETE'.

*Les Lettres de Janſenius ſont imprimées, & és mains d'un chacun, ainſi qu'el-
les furent ATTRAPE'ES quand on ſe ſaiſit des papiers & de la Perſonne de l'Abbé
de S. Cyran qui fut mis à la Baſtille par ordre du Cardinal de Richelieu pour eſtre
ſuſpect d'hereſie. Un chacun en peut prendre inſpection, & voir ſi je me trompe ou ſi
je trompe en quelque choſe.*

Il n'eſt point vray que les Lettres de Janſenius aient eſté imprimées, & que
chacun en puiſſe avoir l'inſpection. Le Pere Pintereau Jeſuite n'en a imprimé que
quelques lambeaux ſous le nom d'un chimerique Gentil-homme qu'il a nommé
le Sieur de Preuille : comme s'il eſtoit vrayſemblable que ce prétendu Gentilhomme
eût

eût efté travailler chez les Jefuites à faire ces extraits , eftant bien certain qu'ils n'avoient garde de fe defaifir des Originaux.

On fçait de plus que des perfonnes d'honneur les aiant priez de leur laiffer lire les lettres originales afin de les conferer avec ces lambeaux imprimez , ils l'ont refufé. Qui peut donc fçavoir fi ce qu'ils en citent eft de mefme dans l'original , & quand il y feroit mot à mot , qui ne fçait qu'il eft tres-facile de tromper par de femblables extraits détachez de ce qui les precede & de ce qui les fuit , lors principalement qu'on eft affuré que ceux qui les lifent ne pourront en rechercher le vray fens dans la lettre entiere , parce qu'elles font entre les mains des Jefuites qui ne les communiquent qu'à leurs confidents. Ajoûtez à cela , que celuy qui les a écrites n'a pas voulu qu'elles fuffent claires , mais qu'au contraire il a affeété de parler obfcurement & à demi mot. De forte que ce ne font fouvent que des énigmes qu'entendoient bien ceux qui s'entrécrivoient , mais furquoy les autres ne peuvent avoir que de vaines conjeétures. Enfin quelle affurance peut-on avoir que fi les Jefuites ont trouvé que quelques-unes de ces lettres détruifoient les faux fens qu'ils vouloient donner à d'autres , ils ne les aient pas fupprimées. Rien ne leur eft donc plus inutile pour le méchant ufage qu'ils en veulent faire , qui eft de décrier ces deux illuftres amis. Car afin qu'elles leur puffent fervir à cela , il faudroit qu'elles leur euffent efté mifes entre les mains par ordre de la Juftice avec chacune fon numero & paraphe , & que ceux qui y ont intereft en puffent avoir communication.

Bien loin de cela , vous reconnoiffez qu'elles ont efté *attrapées* par les Jefuites , c'eft à dire volées. Car attraper ce qui ne nous appartient pas , & le retenir malgré celuy à qui il appartient , c'eft la propre definition du vol & du larcin. Les Jefuites donc ont pu croire qu'il leur eftoit permis de faire de ces lettres ce qu'ils voudroient , par droit de conquefte : garder les unes , en fupprimer d'autres , n'en donner la connoiffance au public que par lambeaux , luy cacher le refte qui auroit pu les incommoder : ne paroiftre point dans la publication de ces lambeaux , mais fubftituer en leur place le phantôme d'un honnefte Gentilhomme , qui pourroit n'eftre pas fi fufpeét de mauvaife foy , que l'auroit efté un Jefuite.

Ne croyez pas neanmoins que ce ne foit que fur voftre propre confeffion que l'on dit que ces lettres ont efté *attrapées* ou *volées*. Rien n'eft plus vray. Car quand l'Abbé de S. Cyran fut mis au bois de Vincennes par l'ordre du Cardinal de Richelieu, on luy enleva tous fes papiers qui rempliffoient plufieurs coffres, au fond de l'un defquels ces lettres eftoient demeurées. Or ce Cardinal aiant cru que parmi tant de papiers il fe trouveroit des chofes fur quoy on pourroit faire de la peine à cét Abbé qu'il n'aimoit pas pour diverfes raifons qu'on a marquées dans des livres qui font demeurez fans réponfe , il les fit examiner par des gens habiles, qui bien loin d'y trouver à redire en firent un rapport tres-avantageux & luy témoignerent qu'ils n'y avoient rien lû qui ne fuft fort bon. C'eft ce qui porta ce premier Miniftre à ordonner que ces Papiers luy feroient rendus , comme ils le furent auffi à l'exception de ces lettres que les Jefuites avoient *attrapées* : dont on ne fe feroit point apperçû , parce que n'eftant plus d'aucun ufage on en avoit prefque perdu la memoire , s'ils ne s'en eftoient fervis pour décrier Janfenius par les

con-

confequences malignes qu'ils tirerent des lambeaux qu'ils firent imprimer aprés la mort de l'Abbé de S. Cyran. Ils diront peut-eftre que quelqu'un les leur a données. Mais elles n'appartenoient point à ce quelqu'un, & elles n'avoient pas efté confifquées par la Juftice, puifqu'il n'a efté rendu aucune fentence contre cét Abbé. Ces bons Peres retiennent donc le bien de leur prochain contre fon gré, ce qui s'appelle eftre voleur, felon les loix de Dieu & des hommes.

12. FAUSSETE', CONTRE LE BON SENS.

J'ay déjà dit ce que j'entendois par une fauffeté contre le bon fens. Voicy en quoy celle-cy confifte. Vous rapportez en la page 11. & 12. quatre ou cinq paffages pris de 4. lettres, toutes de la mefme année 1622. une du mois de Janvier & les 3. autres de Fevrier : ce qui fait voir qu'elles regardent toutes la mefme affaire. Or le premier de ces paffages par voftre propre confeffion eft touchant *Pilmot*, ce que vous avez dit auparavant (comme le P. Pintereau le témoigne auffi) eftre le chiffre qui marquoit le livre auquel Janfenius travailloit c'eft à dire fon *Auguftinus*. Et ainfi tout ce qui paroift par ces lettres eft que Janfenius s'entretenoit avec fon amy de l'ouvrage qu'il avoit entrepris ; qu'il en prévoyoit les difficultez, & les oppofitions qu'y pourroient faire certaines perfonnes, en quoy il n'a efté que trop bon prophete ; qu'il prioit cét Abbé de ne pas manquer à la parole qu'il luy avoit donnée de l'aider en tout ce qu'il pourroit pour mettre en un grand jour la doctrine de S. Auguftin touchant la grace ; & qu'il en avoit fait confidence à Florentius Conrius fçavant Theologien de l'Ordre de S. François qui fut depuis Archevéque de Thuam en Hibernie, parce qu'il avoit auffi fort étudié la doctrine de ce Pere, comme il paroift par les deux livres qu'il a laiffez, l'un *De ftatu Parvulorum*, l'autre *Peregrinus Hierichuntinus*.

Certainement voilà tout ce que difent vos paffages, & on ne peut douter que *l'affaire fpirituelle* qui luy tient tant à cœur, ne foit *Pilmot*, c'eft à dire fon *Auguftinus*. Qu'il y ait ou qu'il n'y ait pas des erreurs dans ce livre, ce n'eft pas de quoy il s'agit : mais fi on en peut conclure quelque chofe avec vrayfemblance pour l'affemblée de Bourgfontaine. Pour le pretendre comme vous faites, il faut que vous raifonniez ainfi.

On voit par ces lettres que Janfenius eftoit occupé à un grand & laborieux ouvrage où il devoit expliquer la corruption de la nature humaine par le peché du premier homme, fa reparation par le Fils de Dieu reveftu de noftre chair, la neceffité de la foy en JESUS-CHRIST, & du fecours de fa grace pour eftre fauvé : Et où il falloit fur toutes chofes, qu'il donnât une grande idée de S. Auguftin, de fon efprit & de fa doctrine, & qu'il infpirât une grande veneration pour fes fentimens. Or cela revient tout à fait aux engagemens qu'il avoit depuis peu pris à Bourgfontaine, de faire paffer pour des fables l'Incarnation de JESUS-CHRIST & tous les autres Myfteres de la Religion Chreftienne : & Janfenius a dû croire que c'eftoit un bon moyen pour porter les hommes à en venir là, que de leur perfuader de prendre S. Auguftin pour leur maiftre. On ne peut donc douter raifonnablement aprés avoir bien confideré ces lambeaux de lettres, que ce complot de Deiftes affemblez à Bourgfontaine, ne foit prouvé par là avec une grande vrayfemblance.

B

C'eft

C'eſt trop s'arreſter à découvrir voſtre ridicule : il faut vous parler ſerieuſement. Un homme ſage a pû juger qu'il ſe pourroit trouver des perſonnes d'autorité qui ſeroient bien aiſes de voir la doctrine de S. Auguſtin miſe dans un plus grand jour : & qui voudroient bien s'en declarer les protecteurs , *contra reclamantium verbo & ſcripto multitudinem*. C'eſt ce qui eſt toûjours arrivé dans l'Egliſe , toutes les fois qu'il s'eſt élevé des differens touchant les veritez de la grace , au 5. au 9. & dernier Siecle. Mais il faudroit avoir eſté plus fou que ceux qu'on enferme , pour s'eſtre attendu qu'on trouveroit des partiſans & des protecteurs parmy les perſonnes *en dignité & d'autorité* pour appuier l'abominable deſſein que l'on ſuppoſe avoir eſté pris à Bourgfontaine , de faire paſſer l'Evangile pour une fable , & toutes les veritez de noſtre Religion pour des reveries dont on auroit entrepris de détromper le monde.

13. F A U S S E T E'.

Je ne trouve point M. L'advocat que voſtre dire ſoit d'intelligence avec la verité quand vous aſſurez avec cette voſtre confiance ordinaire qu'Antoine Arnauld s'eſtoit trouvé preſent. On vous défie de prouver cela par le livre de Fileau.

Eſt-ce impoſer à M. Fileau que de dire que ſelon luy l'Abbé de S. Cyran a eſté preſent à cette Aſſemblée ? Cependant il ne le nomme point dans ſon conte : il le deſigne ſeulement par les premieres lettres de ſon nom & ſurnom : J. D. V. D. H. & il le laiſſe à deviner par de certains caracteres. Ce n'eſt qu'en ce meſme ſens qu'on a pu dire qu'il y avoit fait trouver Antoine Arnauld , en le deſignant par A. A. les premieres lettres de ſon nom & ſurnom , & luy donnant pour caractere : *qu'il fut reſolu dans cette Aſſemblée d'attaquer les deux ſacremens,* &c. ce qui marque viſib'ement le livre de la Frequente Communion ſelon les fauſſes idées qu'en avoient données les adverſaires de M. Arnauld. C'eſt donc une baſſe chicanerie de vouloir que ce ſoit *une impoſture palpable* d'avoir dit que, ſelon Fileau, M. Arnauld s'eſt trouvé preſent à cette Aſſemblée.

14. F A U S S E T E'.

Secondement vous faites encore un lourd faux pas quand vous faites dire à Fileau, que cette aſſemblée s'eſtoit tenue en 1621. Car l'on vous defie de le prouver par le livre de Fileau.

C'eſt vous meſmes qui faites *un lourd faux pas* , pour avoir mal lû voſtre Fileau & vous eſtre imaginé qu'il ne parle de cette aſſemblée qu'au chapitre 2. de ſon livre. Car il en parle encore à la fin, comme vous avez pû voir par le 3. Factum p. 3. où on lit ce qui ſuit :

„Fileau pretend confirmer ces eſtranges calomnies , & cette chimerique aſſem-
„blée de demons pluſtoſt que d'hommes à la fin de ſa relation juridique par des
„fragmens de lettres de M. Janſenius à M. de S. Cyran : Et c'eſt par là que l'on
„voit qu'il a ſuppoſé qu'on luy avoit dit qu'elle s'eſtoit tenue l'an 1621. puiſ-
„qu'il ne doute point que Janſenius n'en ait écri à ſon Amy dés le commencement
„de l'année 1622.

15. F A U S S E T E'.

Puiſque dans le recit du S. Fileau le nom de quelqu'un , qui avoit eſté du conſiſtoire de Bourg-fontaine eſt deſigné par les deux lettres A A. ; noſtre homme s'eſt imaginé, qu'avec l'autorité qu'il a de diſpoſer de la perſonne d'Antoine Arnauld, il

pou-

(11)

pouvoit faire paffer le Confiftorien qu'il cherchoit pour donner le dementi à Fileau. Ores cecy eft une pure infolence.

Ce que vous appellez une *pure infolence*, eft-ce qu'ont toujours cru & ce que croient encore tous les hommes de bon fens : Que Fileau a fans doute voulu marquer Antoine Arnaud par A A.

On en avoit une preuve demonftrative en joignant que ces deux lettres font les premieres de fon nom & furnom, à ce que M. Fileau remarque qu'il fut refolu dans cette affemblée *d'attaquer les Sacremens de Penitence & d'Euchariftie non en témoignant aucun deffein de faire en forte qu'ils fuffent moins frequentez, mais en rendant la pratique fi difficile qu'ils reftaffent comme inacceffibles, & que dans le non ufage fondé fur ces belles apparences on en perdit peu à peu la foy. Et en avertiffant de l'autre, que cette affemblée a donné lieu à divers livres que les Doctes pourront remarquer.* Car il faudroit eftre aveugle pour ne pas voir que ce qu'on dit malignement du deffein de rendre inacceffibles les Sacremens de la Penitence & de l'Euchariftie, regarde le livre de la Frequente Communion, comme aiant efté fait depuis par quelqu'un de cette affemblée. Or on fçavoit bien en 1654. qu'il avoit efté fait par Antoine Arnauld. Donc Fileau a voulu faire croire qu'Antoine Arnauld avoit efté de cette affemblée, & par confequent ce ne peut eftre autre que luy qu'il a marqué par A A. Mais ce qui l'a trompé eft qu'il n'a pas cru qu'il fuft fi jeune en 1621. parce qu'on fe feroit naturellement imaginé qu'il n'auroit eu que 9. ou 10. ans moins que M. d'Andilly fon frere, & qu'il auroit efté de 5. ou 6. ans plus agé que M. le Maiftre fon Neveu, qui s'eftoit retiré du monde dés l'année 1638. aprés avoir paru long-temps dans le barreau. Ce luy fut donc une grande furprife quand M. Arnauld fit voir dans fa lettre à un Duc & Pair de France qu'il n'eftoit né qu'en 1612. aiant 23. ans moins que fon frere aifné, & 4. ans moins que fon neveu. C'eft une malheureufe loy du faux honneur de fe faire une efpece de neceffité de foutenir une calomnie lors qu'on l'a une fois avancée. L'orgueil humain fe jette d'abifme en abifme plutoft que de reculer. C'eft ce qui eft arrivé au Sr. Fileau. Avoir mis un enfant de 9. ans pour un des perfonnages de fon affemblée de Deiftes, c'eftoit une conviction manifefte de fa calomnie. Il falloit donc ou s'avoüer calomniateur, ou chercher un autre A A. qu'Antoine Arnauld. Il n'a ofé le faire luy-mefme. Mais le Pere Meynier Jefuite fon bon amy l'a fait pour luy, comme on a vu dans le 3. Factum.

16. FAUSSETE'.

Je me perfuade que Arnauld mefme ne fe croit dechifré par les deux lettres A A. Car quelle apparence que M. Arnauld, qui fe trouvoit alors en France, dans une grande eftime par fon extraction, & dans un grand credit par fon profond fçavoir, & fa qualité de Docteur de Sorbonne, auroit diffimulé une injure fi atroce qu'un Confeiller du Roy publioit de luy par tout le Royaume SANS REPLIQUER UN MOT *& fans tirer raifon de l'impofteur par juftice, le pouvant fi facilement convaincre par la feule exhibition de regiftre de fon baptême? Eft-il croiable qu'une homme comme luy fe laifferoit decrier heretique* SANS CONTREDIRE, *en attendant que deux Payfans en Leerdam, & une devote en Hollande fe prefentaffent pour l'aider à fe mettre à couvert contre le blâme qu'un livre François luy impofoit.*

C'eft la feule raifon que vous apportez pour monftrer que M. Fileau n'a point

B 2

voulu

voulu marquer Antoine Arnauld par A. A. C'eſt qu'il paroiſt bien dittes vous, que M. Arnauld luy-meſme ne l'a pas cru , puiſque s'il l'avoit cru il *n'auroit pas diſſi-mulé une ſi atroce injure ſans repliquer un mot : & ne ſe ſeroit pas laiſſé decrier com-me heretique* (vous deviez dire comme un impie & un Antichreſtien) SANS CONTREDIRE , *en attendant que les heretiers de Janſenius l'aidaſſent à ſe mettre à couvert contre ce blame.* Mais vous aurez pu apprendre par le 3. Factum que cette pretenduë raiſon eſt une fauſſeté manifeſte. Liſez-le de nouveau & rougiſſez de vo-ſtre temerité. Vous verrez que bien loin que M. Arnauld ait attendu juſques à ce procés-cy ſans contredire le Sr. Fileau, & ſans ſe plaindre d'une injure ſi atroce, que dés l'année 1655. auſſi-toſt qu'il en eut connoiſſance, il reprocha au Sr. Fileau & aux partiſans de ſes calomnies, *d'avoir violé toute pudeur , & paſſé toutes bornes qui au-roient pu retenir les perſonnes les plus perdues de conſcience & d'honneur en forgeant une aſſemblée chimerique de Bourg-Fontaine ;* qu'il prouva que c'eſtoit luy qu'ils avoient voulu marquer par A. A. tant à cauſe que ce ſont les premieres lettres de ſon nom & de ſon ſurnom,que par ce qui y eſt dit du deſſein d'attaquer les deux Sacremens de la Penitence & de l'Euchariſtie , ce qui ne pouvoit avoir rapport qu'au livre de la Frequente Communion ; Et qu'il donna pour une marque ſenſible de la fauſſeté de cet execrable Roman , que Dieu avoit permis pour les confondre , qu'ils ne ſçuſſent pas qu'en 1621. lorſqu'ils diſent que cette aſſemblée s'eſtoit tenuë , An-toine Arnauld n'avoit que 9. ans , n'eſtant né qu'en 1612.

Voilà comme M. Arnauld a diſſimulé l'injure atroce que luy avoit faite le Sr. Fileau. Voilà comme il s'eſt laiſſé decrier pour un heretique & pour un impie *ſans contre-dire.* Voulez vous encore un autre preuve , qu'on n'a pas attendu ce procés-cy comme vous dites , à traiter Fileau d'impoſteur , liſez de quelle ſorte M. Ar-nauld en a parlé dans ſa Preface du 2. Tome contre Mr. Mallet imprimé en 1680. *Le deſſein de Mr. Mallet a plutoſt eſté de noircir les traducteurs du N. T. de Mons que de trouver des fautes dans leur verſion. Car il entreprend de les rendre ſuſpects de tou-tes ſortes d'hereſies. . . . afin peut-eſtre d'inſinuer , que ce n'eſtoit pas ſans raiſon que Fi-leau* CET INSIGNE CALOMNIATEUR *avoit aſſuré dans ſa Relation juridique , & le Jeſuite Meynier aprés luy , que ceux qu'on appelloit Janſeniſtes, eſtoient de veritables Deiſtes ennemis de tous les myſteres de la Religion Chreſtienne.*

M. Fileau vivoit encore lors qu'on a fait de luy cet eloge , & il n'eſt mort que deux ou trois ans depuis. Mais s'il n'a pas eu aſſez d'humilité pour reparer publi-quement le ſcandale d'une diffamation ſi publique & ſi criminelle, il a eſté trop per-ſuadé par les remords de ſa conſcience de la juſtice de cette reprehenſion, pour avoir oſé s'en plaindre comme d'une injure.

CE QUE JE penſois mettre enſuite comme la 17. fauſſeté m'a paru ſi important que j'ay cru en devoir faire une 2. Partie de ce Factum, pour le traiter plus à fond,parce qu'on ne ſçauroit ce me ſemble trop faire ſentir *l'atrocité* de l'injure qu'on a faite dans cette Réponſe à M. Arnauld d'Andilly ,l'un des hommes de France qui a eu pendant toute ſa vie à la Cour, à Paris & dans les Provinces, une reputation mieux éta-blie & plus generalement reconnue de pieté & de probité : n'y aiant perſonne qui n'ait ſouſcrit de bon cœur à ce qu'a écrit de luy il y a plus de cinquante ans un Au-teur celebre , *qu'il ne rougiſſoit point des vertus chreſtiennes , & ne tiroit point de vanité des Morales.*

SE-

SECONDE PARTIE
DU IV. FACTUM.

*Sur ce que les Iesuites veulent presentement que M. Arnauld d'Andilly
soit le Deiste que Fileau a marqué par A. A.*

LE principal sujet de cette 2. Partie est l'une des plus infames & des plus énor-
mes calomnies qui se puissent imaginer, contre la memoire de M. Arnauld
d'Andilly si connu dans le monde par la reputation de sa pieté, qu'il a conservée
sans la moindre tâche pendant toute une vie de plus de 86. ans, & qui pourra
estre portée jusques à la posterité la plus reculée, par tant d'excellens ouvrages
qu'il a donnez au public dans la seule vûe qu'ils pourroient estre utiles à l'Eglise.
Car que pourroit-on dire de pis de quelque homme décrié pour son peu de Religion, que ce que les Defenseurs du P. Hazart osent dire de ce serviteur de Dieu,
qu'il avoit esté un de ces Deistes de l'Assemblée de Bourg-fontaine qui avoient entrepris de faire passer tous les mysteres de la Religion Chrestienne pour des reveries dont il falloit détromper les hommes.

On dira peut-estre que cela ne regarde pas les Parens de M. Jansenius : qu'ils
n'ont droit de s'interesser que dans ce qui touche l'honneur de leur Bisayeul & de
leur grand Oncle ; que les Parens de M. d'Andilly sont d'une autre consideration
qu'eux pour faire reparer l'outrage qu'on a fait à sa memoire : & que s'ils ne le
font pas ce sera peut-estre qu'ils dédaigneront de se plaindre d'un si miserable libelle,
& qu'ils le croiront incapable de donner aucune atteinte à la reputation d'une personne si connue & si estimée dans le monde.

Les Démandeurs répondent à cela : Qu'ils ont autant & plus d'interest de faire
voir la fausseté de la calomnie qu'on a osé avancer contre M. d'Andilly, que ses
Parens mêmes. En voicy la raison. S'il estoit constant qu'il se fust tenu une Assemblée de Deistes à Bourg-fontaine, & qu'il fût seulement question si M. Jansenius
s'y seroit trouvé ou non, ils n'auroient besoin que de prouver qu'il ne s'y seroit
pas trouvé, sans se mettre en peine d'en justifier d'autres qu'on auroit aussi accusez d'y avoir esté. Mais il s'agit de l'Assemblée même. On a toûjours soûtenu,
que tout ce qu'en a conté le Sr. Fileau, & aprés luy les Reverends Peres Jesuites Meynier, du Bourg, Hazart, & celuy qu'on dit s'estre caché sous le nom
de M. Fierland Chancelier de Brabant, n'est qu'un pur mensonge. C'est donc ce
qu'on a à prouver, & c'est dequoy la justification de M. d'Andilly est une preuve demonstrative. Car l'âge de 9. ans d'Antoine Arnauld en estoit une s'ils eussent avoué que c'estoit luy que Fileau avoit voulu marquer par A. A. Mais ils
ont esté contraints d'en chercher un autre qu'ils n'ont d'abord designé qu'obscu-
rement. On les a pressé de le nommer en les menaçant, s'ils ne le faisoient, de les tenir pour des imposteurs. Ils ont esté 30. ans sans oser s'y resoudre. Enfin se voyant
poussez par les Demandeurs qui prenoient avantage de leur silence, comme estant
un effet de l'impuissance où ils se sont trouvez de donner quelque couleur à leur
calomnie, ils se sont enfin hazardez de dire nettement que le Sr. Arnauld d'An-

dilly

dilly eſt ce Deiſte marqué par A. A. On ne peut donc plus reculer. Il faut ou qu'un des plus honneſtes hommes de France & des plus pieux entre les Seculiers, ait eſté un impie & un Deiſte, ou ques les Jeſuites demeurent convaincus, d'avoir ſoutenu pendant tant de temps, & de ſoutenir encore avec une opiniâtreté ſurprenante le plus fou & le plus diabolique Roman qui fut jamais. Il n'y a point de milieu. On auroit donc tort de prétendre que les Demandeurs n'ont pas droit de parler de ce qui regarde M. d'Andilly, puiſqu'ils en tirent un argument invincible contre la 4. calomnie du P. Hazart.

Voicy en quels termes ſon Apologiſte a fait cette declaration ſi longtemps attendue. Ce n'eſt point en tremblant, mais avec une confiance merveilleuſe, comme s'il ne diſoit rien qui ne fuſt inconteſtable.

17. F A U S S E T E'.

Noſtre homme s'eſt imaginé pour donner un dementi à Fileau qu'Antoine Arnauld avoit eſté marqué par A. A. Ores cecy eſt une pure inſolence. Car ſi noſtre Avocat eut mis tant de join de relire les lettres que Janſenius écrivit cette meſme année (1621.) il eût bien découvert un autre A. A. proche Parent d'Antoine Arnauld, intime ami de Jean du Verger, & qui aprés ſon âge de 55. ans s'eſt retiré au Port-Royal où il avoit mis ſa Mere, ſix ſœurs, & cinq filles : & qui l'an 1621. eſtoit plus capable d'avoir eſté un des Conſiſtoriens de Bourg-fontaine, qu'un garçon de 9. ans.

Et en la p. 10. il dit que c'eſt le Sr. Arnauld d'Andilly : Car ainſi, aujoûte-t'il, ſoloit-il uſer en ſa ſignature omettant ſon nom de Baptéme, & uſurpant celuy de ſa terre pour par la ſe diſtinguer de ſes freres.

Il n'y a point de Chreſtien qui ne croie que c'eſt une médiſance tres-criminelle, de publier d'un homme d'honneur les choſes les plus horribles & les plus ſcandaleuſes, & qui meriteroient les plus grands ſupplices, ſans en pouvoir donner aucune preuve raiſonnable. Dittes-nous donc, Monſieur l'Apologiſte du Pere Hazart, qu'elles preuves vous nous apportez pour vouloir qu'on vous croie, lors que vous nous dites de ſang froid avec une hardieſſe inconcevable que ce Deiſte de l'Aſſemblée de Bourg-fontaine marqué par A. A. que l'on a eſté ſi long-temps à chercher, eſt le Sr. Arnauld d'Andilly & qu'il a eſté de l'avis des autres qu'il falloit travailler adroitement à faire paſſer toute la Religion Chreſtienne pour une fable. Si vous regardez cela comme une legere accuſation qui ne demande pas de grandes preuves; vous eſtes vous-même un impie. Et ſi vous avouez qu'on n'en ſçauroit faire de plus atroce, dittes-nous encore une fois ce que vous voulez que l'on prenne pour les preuves que vous avez cru ſuffiſantes, pour la former contre M. d'Andilly l'un des hommes de France dans l'eſtat Seculier, qui a eſté le plus eſtimé pour ſa pieté auſſi-bien que pour ſes autres grandes qualitez.

Voulez vous que l'on prenne pour voſtre 1. preuve : *qu'en liſant les lettres de Janſenius de l'an 1621. on y trouve un autre A. A. qu'Antoine Arnauld.* C'eſt à dire qu'on trouve par ces lettres que ce n'eſt pas Antoine Arnauld, mais Arnauld d'Andilly que Fileau a voulu marquer par là. Mais tout ce qu'on apprend par ces lettres (ſelon vous-même en la p. 10.) eſt que par celle du 19. Nov. 1621. Janſenius s'afflige fort de ce que le Sr. d'Andilly eſtoit tombé malade, &

que

que par celle du 7. Janv. 1622. il témoigne beaucoup de joye de sa guerison. Or ne faut-il pas avoir l'esprit renversé pour conclure de là que M. d'Andilly estoit un impie & un Deiste , & que c'est luy que Fileau a voulu marquer par le Deiste de l'Assemblée de Bourgfontaine qu'il appelle A. A.

Prendrons nous pour voftre 2. Preuve , *qu'il paroist aussi par ces lettres que M. d'Andilly estoit intime ami de l'Abbé de S. Cyran.* Est-ce un secret qu'on dust apprendre par ces lettres? M. d'Andilly n'a-t'il pas fait gloire toute sa vie d'avoir esté des plus intimes amis de ce grand serviteur de Dieu ? Ne l'a t'il pas temoigné publiquement en dediant ses lettres si edifiantes *aux Archevéques & Evéques de France :* & n'en commence-t'il pas l'Epistre dedicatoire par ces termes? *Messeigneurs. L'amitié si estroite dont il a plu à Dieu de m'unir avec feu M. l'Abbé de S. Ciran m'aiant porté en l'absence de ses plus proches , à procurer la publication de ces excellentes lettres , &c.* Mais qu'il s'ensuive de là qu'il a esté ce pretendu Deiste que Fileau a marqué par A. A. on se le pourra persuader , quand tous les hommes n'auront plus de sens commun.

Prendrons nous pour voftre 3. Preuve , *que M. d'Andilly estoit proche parent d'Antoine Arnauld?*

Et pour la 4. *qu'en* 1621. *ledit Sr. d'Andilly estoit plus capable d'estre un des consistoriens de Bourg-fontaine qu'un garçon de 9. ans?*

En effet ces deux raisons sont fort bonnes , non pour prouver le Deisme de Mr. d'Andilly , qui est la plus diabolique chimere qui fut jamais , mais pour monstrer qu'on n'a eu recours à cette honteuse calomnie , que par la necessité où on s'est trouvé de substituer quelqu'un en la place d'Antoine Arnauld , à qui on avoit donné d'abord un rang honorable dans cette assemblée d'impies , en le designant par les premieres lettres de son nom , & de son surnom, & par la resolution qu'on a dit avoir esté prise dans cette assemblée , *d'attaquer les deux Sacremens de la Penitence & de l'Eucharistie en les rendant inaccessibles,* par où l'on l'on voioit assez que Fileau vouloit marquer le livre de la Frequente Communion. Car Antoine Arnauld s'en estant tiré par cette preuve convainquante , qu'il n'avoit que 9. ans en l'année qu'on avoit fait tenir cette conference , le P. Hazart & ses Confreres se sont trouvez reduits ou à passer condamnation sur la plus importante de ses calomnies dont on luy demandoit reparation (ce qu'ils ne se sont pas trouvé disposez de faire , quoy qu'ils y fussent indispensablement obligez) ou à chercher quelqu'un qui pust estre mis en la place de cet enfant de 9. ans. Et sur ce que le P. Meynier a dit en l'air pour sortir du mesme embarras , que cet autre A. A. estoit connu d'Antoine Arnauld, sans avoir osé s'expliquer davantage dans la peur qu'il a eue, s'il le faisoit , de s'exposer à quelque chose de pis que l'infamie publique, on a passé aujourd'huy plus avant , & on vous a fait dire sans façon, que cet autre A. A. est M. Arnauld d'Andilly frere aifné d'Antoine Arnauld. Mais vous bronchez dés le premier pas , & vous n'avez pu sortir de l'abime où Antoine Arnauld vous a jettez par son age de neuf ans, que par une faulseté manifeste. Car il est faux que les deux A. A. de Fileau aient pu marquer M. d Andilly , puisque sans parler de son nom de Baptême que Fileau n'a point omis quand il a voulu designer ses autres Deistes, vous dittes vous mesmes *qu'il soloit signer Arnauld d'Andilly.* Fileau donc eut mis trois lettres A. D. A. pour marquer *Arnauld d' Andilly,* comme il en a mis cinq: J. D. V. D. H.

pour

pour marquer *Jean du Verger d'Hauranne.* Cela est convainquant, & fait assez voir
que le P. Hazart n'a adjousté à ses premieres calomnies, cette substitution calom-
nieuse du frere aisné d'Antoine Arnauld, à Antoine Arnauld, que parce que l'age de
ce Docteur, que l'Auteur de ce Roman n'avoit pas sçu, le detruit entierement.
C'est une copie naive de la fable du Loup & de l'Agneau. Le Loup cherchant querelle dit à l'Agneau. Pourquoy trouble tu l'eau que je bois. L'Agneau repond.
Comment la pourrois-je troubler, elle coule de toy à moy. Le Loup poursuit. Il
y a six mois que tu m'a dit des injures. Je n'ay garde de l'avoir fait, replique l'A-
gneau : Je n'estois pas encore né. Si ce n'est toy, reprend le Loup, il faut que ce
soit ton frere.

L'application en est trop facile : Mais on peut adjouster icy, que vous estes
malheureux dans ce changement d'imposture de l'un des freres à l'autre. Car il n'y
a point d'homme de bon sens qui ne juge que l'aisné quelque age qu'il eust a esté
aussi incapable par sa pieté, & par la droiture de son esprit & de son cœur, de prendre l'Evangile pour une fable, que le cadet d'assister à une assamblée de Deistes
n'aiant que 9. ans. Est-ce donc que quand on aura affaire aux Jesuites ou à leurs
amis, il n'y aura que le defaut d'age, qui puisse rendre incroiable une si horrible
calomnie qu'est l'imputation du Deisme, & que pourvu que l'on ait plus de 20.
ans, on pourra estre exposé à s'en voir flestri, quelque reputation que l'on puisse
avoir de vertu & de pieté : sans que ceux qui l'auroient avancée contre les plus gens
de bien, aient sujet de craindre d'en estre punis ?

Je dis *sans aucune preuve*, si ce n'est peut-estre que vous vouliez que l'on prenne pour une preuve ou pour un violent soupçon du *Deisme* dont vous accusez Mr.
d'Andilly ce que vous dittes de luy : *Qu'aprés l'age de 55. ans il se retira au Port-
Royal où il avoit mis sa mere, six sœurs, & cinq filles.* Car les Confreres du P. Hazart aiant rempli tant de libelles d'injures & de medisances contre Port Royal jusques à donner pour titre à un de leurs livres : *Port-Royal & Geneve d'intelligence
contre le S. Sacrament de l'Autel:* vous avez pu vous imaginer qu'il ne falloit que repre-
senter M. d'Andilly comme aiant fait tant par luy que par ses proches une si grande
figure dans ce Port-Royal si décrié par les Jesuites, pour en donner une tres-me-
chante idée, & le faire soupçonner de tout ce qu'il vous plairoit.

Si ç'a esté la vostre pensée, rien n'est plus aisé que de renverser cet argument contre vous-mesme : en expliquant ce que c'est que ce Port-Royal dont tant de gens
parlent sans le connoistre.

Port-Royal est originairement un Monastere de Religieuses Bernardines à 6.
lieües de Paris. Une de sœurs de Mr. d'Andilly en fut faite Abbesse au commencement de ce siecle, n'aiant qu'onze ans. C'estoit en ce temps-là un desordre assez
commun dont Dieu a tiré un grand bien. Car dés l'age de 17. ans Dieu luy donna
une si forte pensée de reformer son Abbaie, quoy qu'il n'y en eut aucune ny
d'hommes ny de filles qui fut reformée dans tout l'Ordre de Cisteaux, qu'elle l'en-
treprit, & en vint à bout avec assez de facilité, tant Dieu donna de benediction à ses
bons desseins. Elle en bannit toute proprieté, toutes ses Religieuses à son exemple
aiant mis en commun tout ce qu'elles avoient en particulier. Elle y establit une
exacte closture, l'abstinence perpetuelle, l'Office de la nuit, les Jeunes, le travail,
le silence selon la regle de S. Benoist. Et ç'a esté cette odeur de sainteté, comme le par-
fum

fum de l'époux, qui a attiré dans cette maifon fes fœurs, & fes niepces, & fa mere meſme, chacune en leur temps.

Le deſſein d'une ſi parfaite reforme ſi courageuſement entrepris, & ſi heureuſement executé la mit en une ſi grande eſtime dans l'Ordre, qu'elle fut choiſie n'aiant que 27. ou 28. ans, pour reformer la celebre Abbaie de Maubuiſſon. Elle y paſſa 4. ou 5. ans; ce qui l'obligea de laiſſer à ſa ſœur, qu'on a depuis appellé la *Mere Agnés*, la conduite de ſa maiſon de Port-Royal en qualité de Coadjutrice.

Ce fut en ce temps-là & pendant qu'elle eſtoit à Maubuiſſon, qu'elle vit S. François de Sales qui eſtoit venu à Paris pour y eſtablir une maiſon de la Viſitation. Elle le fit prier de la venir voir, & ſe mit ſous ſa conduite, & on peut voir par les lettres de ce Saint l'eſtime qu'il faiſoit de ſa chere fille l'Abbeſſe de Port-Royal.

Dans le meſme temps M. d'Andilly ſon frere contraſta une eſtroite amitié avec le même Saint, auſſi bien que toute ſa famille. Et en 1622. s'eſtant trouvé à Lion où eſtoit la Cour lorsque ce ſaint Eveſque y paſſa pour retourner à ſon dioceſe, aprés avoir communié de ſa main, l'eſtant allé voir l'apres-dînée ce Saint luy dit de cet air doux & plein de bonté, qui eſtoit ſon caractere : *Mon fils je vous ay reconnu* IN FRACTIONE PANIS. Et trois jours aprés il quitta la terre pour aller au ciel, eſtant mort d'apoplexie.

Pour revenir à l'Abbeſſe de Port-Royal, ſa mere qui avoit vécu depuis ſon veuvage en vraie veuve chreſtienne, toute appliquée à la priere & aux bonnes œuvres, eut une forte inſpiration de ſe faire Religieuſe ſous la conduite de ſa fille. Et comme Dieu luy donna ce deſir dans le meſme temps que l'on avoit conſeillé à l'Abbeſſe ſa fille de transferer ſon Monaſtere des Champs à Paris, elle achepta dans le Faubourg S. Jacques une maiſon & un jardin fort beau & fort grand qu'elle donna à l'Abbeſſe, Convent, & Religieuſes de Port-Royal pour y faire leur établiſſement, comme elles firent en effet, aiant mis la maiſon de Paris, avec une tres-grande depenſe, en l'eſtat où elle eſt maintenant, par la benediction qu'il a plu à Dieu de donner à leur charité & à leur deſintereſſement.

Ce fut là que cette heureuſe Mere de tant de pieux enfans prit ſa fille pour ſa Mere, en ſe conſacrant à Dieu par la Profeſſion Religieuſe pour vivre ſous ſa diſcipline : ce qu'aiant fait pendant 14. ou 15. ans avec une ferveur & une humilité tres-edifiante, elle eut la conſolation avant que de mourir de donner ſa benediction à ſes ſix filles, & à ſes ſix petites filles, qui eſtoient toutes dans le Monaſtere, & qui y ont toutes eſté Religieuſes hors une qui eſt morte jeune y eſtant penſionnaire. Auroit-on jamais cru qu'on ſe fut aviſé de chercher une famille, que J. C. a comblée de tant de graces, pour y trouver des complices d'une conjuration deteſtable contre J. C. & contre ſa Religion ?

Il y a encore une choſe qu'on ne doit pas omettre & qui regarde M. d'Andilly. L'Abbeſſe de Port Royal eſtoit titulaire perpetuelle, & une de ſes ſœurs coadjutrice. Mais l'une & l'autre n'aiant en vue que le plus grand bien de leur maiſon, & ce qui pouvoit le plus contribuer à y maintenir la regularité parfaite, elles témoignerent le deſir qu'elles avoient de quitter chacune leur titre pour y établir l'election triennale. Cela ne ſe pouvoit faire ſans le conſentement du Roy, & Mr. d'Andilly s'offrit d'emploier tout ce qu'il avoit de credit à la Cour pour l'obtenir & l'obtint en effet. S'il n'avoit eu une pieté ſolide, qui luy faiſoit preferer le ſervice de Dieu à tout in-

C

tereft humain , ne les auroit-il pas dû detourner de ce deffein , afin que cette Abbaye demeuraft toujours dans fa famille , & qu'elle puft eftre donnée à quelqu'une de fes filles aprés la mort de leurs Tantes?

Il ne refte plus qu'à fçavoir de vous ce qui vous a fait parler de la retraite de M. d'Andilly à Port-Royal à l'âge de 55. ans , & fi vous avez cru en pouvoir tirer quelque argument , pour donner au moins quelque vrayfemblance à voftre accufation de Deifme. Pour vous aider dans ce beau deffein , il faut dire un mot de ce qui a précedé cette retraite , afin que l'on puiffe voir fi fes eftudes, fes emplois , fa profeffion , l'ont rendu propre à faire figure dans une Affemblée de fçavans impies , tel qu'eft celle dont Filcau a fait le portrait.

Aprés avoir étudié les lettres humaines dans la maifon de fon Pere , dés l'âge de 15. ans on le mit dans le grand monde. Il y a eu divers emplois qui l'ont tous attachez à la Cour & à la fuite du feu Roy dans les voyages qu'il faifoit toutes les années avant & aprés le temps de cette Affemblée chimerique , pour dompter ceux de fes fujets que leur fauffe Religion avoit engagez dans la revolte. Ce luy eftoit une occafion d'avoir plus de zele pour la Religion Catholique , par l'averfion que ces fortes de guerres font avoir de l'herefie ; mais ce n'eftoit pas un moyen de devenir Theologien , n'ayant jamais étudié en Theologie , comme il l'auroit fal u eftre pour foutenir le perfonnage qu'on fait joüer à tous les Acteurs de la fable de Bourg-fontaine. Il fçavoit de la Religion ce qu'un homme de grand efprit en peut apprendre par le cathechifme , par les livres de pieté , par la converfation avec des perfonnes fort faintes , en lifant la parole de Dieu & l'entendant prêcher : mais moins il fçavoit ce qu'on en enfeigne dans l'Ecole , plus il eftoit incapable de former des doutes fur la verité de nos myfteres , parce qu'il s'eftoit accoutumé de bonne heure à captiver fon efprit fous l'autorité divine , qui nous eft manifeftée par l'Eglife , & que jamais perfonne n'a efté plus éloigné de chicaner avec Dieu , & de vouloir comprendre par la raifon foible & fuperbe ce que l'on fe doit contenter de croire par une humble foy.

L'éloquence luy eftant un bien comme hereditaire , M. Arnauld fon Pere , & M. Marion Advocat general au Parlement de Paris fon Ayeul , ayant efté regardez comme les plus eloquens hommes de leur temps , il ne l'a gueres employée que pour des ouvrages qui pouvoient ou édifier la pieté ou eftre utiles à l'Eglife. C'eft ce qui a paru principalement depuis fa retraitte. Mais avant même qu'il eût quitté le monde & lors qu'il eftoit à la Cour , il a voulu que tout ce qu'il avoit de genie pour les vers ne fût confacré qu'à la gloire de fon Sauveur , & à faire goûter les veritez Chreftiennes. Car il ne s'eftoit point encore retiré , quand il a fait fon Poëme de la Vie de JESUS-CHRIST & fes Stances fur les plus belles & les plus édifiantes veritez de noftre Religion. Eftoit-ce bien executer ce que l'on veut qu'il eût promis à l'Affemblée de Bourg-fontaine , que l'on ne veut pas repeter , tant il fait horreur.

Enfin , dittes vous , il s'eft retiré à Port-Royal à l'âge de 55. ans , & il y eft mort *in ofculo Domini* 30. ans aprés. Ce fut à Port-Royal des Champs qu'il fe retira l'an 1644. où les Neveux , M. le Maiftre l'Avocat , & un de fes freres qui eftoit d'épée , s'eftoient retirez il y avoit 5. ou 6. ans, lors qu'il n'y avoit point encore de Religieufes. Car ce ne fut qu'en 1648. que la Maifon de Paris

obtint

obtint de M. l'Archevêque d'envoier une partie des Religieuses à leur Maison de Champs. Mais quel a esté le dessein de M. d'Andilly dans cette retraitte qui édifia toute la Cour? Fut-ce d'y vivre en Deiste , & d'avoir plus de loisir de travailler à des ouvrages conformes aux resolutions , que Fileau & aprés luy les Reverends Peres Jesuites, Meynier , du Bourg , & Hazart, disent avoir esté prises à l'Assemblée diabolique de Bourg-fontaine ? La vie si pieuse & si Chrestienne, qu'il a menée dans sa solitude vous démentira pour le premier : & pour l'autre , les ouvrages ausquels il a travaillé jusques à son dernier soupir, avec une application continuelle & presque incroiable dans un si grand âge, seront des témoins irreprochables contre une si ridicule calomnie dans toute la posterité.

En voilà plus qu'il n'en faut pour toutes les personnes raisonnables. Mais pour vous à qui la passion de médire a osté toute pudeur , on ne s'attend pas que cela vous puisse arrester. Car qui vous empéchera de dire , ou que tout ce que M. d'Andilly a fait de bien pendant toute sa vie, n'a esté que pour couvrir son impieté, comme le P. Rapin n'a point eu honte de faire entendre , que tout ce qui a paru de vertus Episcopales en M. Caulet Evéque de Pamiez, n'a esté qu'une hypocrisie cachée sous de belles apparences , ou que M. d'Andilly a pû se reconnoistre quelques années depuis l'Assemblée de Bourg fontaine , & changer les sentimens impies qu'il avoit alors en des sentimens plus Chrestiens.

Voilà comme l'esprit de calomnie ne demeure jamais court. Mais pour la premiere réponse que vous pourriez faire , s'il n'y a qu'à supposer une hypocrisie continuelle pendant plus de 50. ans , qui ne se soit jamais démentie par aucun endroit , & dont personne ne se soit jamais apperçu , qui est l'homme de bien que des calomniateurs impudens ne puissent faire passer pour un scelerat sans foy & sans Religion,

Pour la 2. réponse , que M. d'Andilly se seroit converti quelques années aprés cette Assemblée , elle vous jetteroit encore dans de plus grands embarras. Car sa conversion ne l'auroit pas empéché de se souvenir de ce qu'on y auroit traité , & des abominables desseins qui s'y seroient pris. Il auroit donc esté obligé de regarder Jean du Verger de Hauranne qui y avoit presidé, comme un des plus méchans hommes de France & le plus grand ennemi de J.C. Et on voit au contraire qu'il l'a toûjours eu en une singuliere veneration pour sa pieté , & pendant sa vie & aprés sa mort. Il y a donc par tout des abîmes , & il n'y a point d'autre moien de vous en tirer , qu'en faisant une publique & sincere retractation d'une calomnie si noire & si éloignée de toute apparence.

Enfin pour mettre à bout toutes vos chicaneries , quand on ne sçauroit rien du tout de ce M. d'Andilly , dont vous faites un Deiste pour remplir une des places de vostre Assemblée ; comme vous estes le premier qui aiez formé contre luy une accusation si atroce, il suffiroit pour vous faire condamner comme un calomniateur par tous les tribunaux du monde , que vous n'en sçauriez apporter aucune preuve qui ne soit ridicule & impertinente.

Je pensois n'avoir rien à dire davantage sur le sujet de M. d'Andilly Mais j'ay cru y devoir joindre ce que vous dittes , quoy qu'en une autre occasion , contre la memoire de M. Arnauld son Pere. C'est ce que vous trouverez bon que je conte pour vôtre 18. faulseté.

C 2

18. Faus-

18. F A U S S E T E'.

On avoit raporté dans le 1. Factum, cette retractation de M. du Pleix. *Antoine Arnauld homme tres-eloquent fut emploié pour plaider la Requéte des demandeurs (c'est-à-dire de l'Université) J'avois cru cy-devant sur de mauvaises instructions qu'il fut religionaire. Mais la verité est qu'il ne le fust jamais. Il a laissé des enfans tres-vertueux & tres-zelez à la Religion Catholique.* A quoy vous répondez en ces termes aussi impertinens qu'injurienx.

Les louanges de la famille de M. Arnauld que nostre Avocat fourre de si bonne grace dans le Factum, on ne les luy envie point : témoin le sincere desir que l'on a qu'elles fussent plus veritables. La retractation de M. du Pleix ne m'incommode point, ny ne me ravit la liberté de prendre son premier sentiment pour le fils legitime de sa meilleure connoissance ; & le second, pour celuy de sa complaisance pour la parenté du Sr. Arnauld, qui estoit lors d'un suffisant credit pour gagner ou obliger un Auteur à quelque chose de cette nature.

On ne se met gueres en peine que vous estimiez peu veritable ce que dit cét Historien de la vertu des enfans de M. Arnauld & de leur grand zele pour la Religion Catholique. Car qui se soucieroit d'estre loué ou blamé par un homme qui a l'esprit assez mal fait pour préferer ce qu'un Historien reconnoist avoir dit sur de mauvaises instructions, à ce qu'il asseure comme constant & indubitable estant mieux informé. S'il y avoit bien des gens d'un si méchant caractere le mal qu'auroit fait un Historien en publiant sur de mauvais memoires des faussetez préjudiciables à l'honneur du prochain, seroit irreparable : puisqu'il auroit beau se retracter, des impertinens qui vous ressembleroient pourroient toûjours dire *que la retractation de l'Historien ne les incommode point & ne leur ravit la liberté de prendre son premier sentiment, pour le fils legitime de sa meilleure connoissance, & le second pour le fils de sa complaisance.* Voilà cependant M. du Pleix bien recompensé d'avoir esté si partial pour les Jesuites dans son histoire. Ils luy font bien de l'honneur en voulant qu'il ait eu si peu de conscience, que n'ayant rien dit que de vray lors qu'il avoit asseuré que l'avocat qui avoit plaidé contre eux esto Religionnaire, il s'en soit retracté en mentant par complaisance.

Mais est il besoin de complaisance pour se rendre a une verité incontestable ? Or ayant dit dans sa premiere Edition sur les memoires des Jesuites, qu'*Antoine Arnauld faisant profession du Calvinisme, le choix que les Agens de l'Université avoient fait de luy fut trouvé grandement scandaleux & de mauvaise grace*, falloit il autre chose pour l'obliger a reconnoistre son erreur que cet en oit du Plaidoier mesme de M. Arnauld contre les Jesuites qui luy avoit attiré cette calomnie. *Seront ils si hardis d'oser dire que la Sorbonne estoit heretique en 1554. lorsqu'elle fit ce Decret contre eux : comme ils sont si impudens que de publier parmy les femmes de leur Congregation, que tous ceux qui poursuivent cette cause sont heretiques qui viennent de Geneve & d'Angleterre. Que si moy qui parle n'estoit connu depuis mon enfance instruit dans le College Royal de Navarre, & ma reception aux charges publiques & honorables dés l'an 80. & 85. ne m'exemptoient trop manifestement de leurs impostures, ils me feindroient volontiers envoyé de là mesme pour plaider contre eux.* N'est-ce pas une chose estrange qu'ayant comme pris a témoin cét Auguste Parlement

ment

·ment devant qui il parloit , de la profeſſion qui il avoit toujours faite de la Reli-
.gion Catholique , afin que ceux contre qui il plaidoit n'euſſent pas la hardieſſe de
le faire paſſer pour calviniſte , ſa prevoiance ne les ait pu empecher de noircir ſa
memoire par cette impoſture?

Vous avez donc eſté auſſi malheureux à medire du Pere , qu'à medire de ſes enfans. Mais en tout cela, loin de juſtifier voſtre P. Hazart vous n'avez fait que le
rendre plus coupable, en luy faiſant adjouſter à ſes anciennes calomnies, dont on luy
demande reparation de nouvelles impoſtures non moins atroces, dont on peut de
plus tirer des preuves convainquantes de la fauſſeté des premieres. Car, comme on a
déja dit, il n'y a point de milieu. Il faut neceſſairement, ou que les Jeſuites qui répandent dans le monde comme une verité , ce qu'écrit Fileau d'une aſſemblée de
Bourg-fontaine , dont l'Abbé de St. Cyra & M. Janſenius grand oncle des Demandeurs auroient eſté les principaux perſonnages , demeurent convaincus d'eſtre
des calomniateurs publics & opiniaſtres ; ou que Mr. Arnauld d'Andilly ait eſté
le Deiſte de cette aſſemblée marqué par A. A. & qu'il ait conſpiré avec les autres de
travailler adroitement à faire paſſer pour des fables tous les myſteres de la Religion
Chreſtienne. Ce qui fait voir la neceſſité de cette alternative; c'eſt que les Jeſuites
eſtant preſſez de dire qui eſtoit cet A. A. puiſque ce ne pouvoit eſtre Antoine Arnauld, ils n'ont point repondu qu'il n'en ſçavoient rien , mais le P. Meynier a declaré pour eux de la part de Fileau , *que ces lettres en deſignoient un autre qui eſtoit
trop bon amy de M. Arnauld pour luy eſtre inconnu.* Sur quoy on leur a repliqué
dans les lettres Provinciales : *Vous le connoiſſez donc , mes Peres , & par conſequent ſi
vous n'eſtes vous-meſmes ſans Religion , vous eſtes obligez de deferer cet impie au Roy
& au Parlement, pour le faire punir comme il le merite. Il faut parler , mes Peres : il
faut le nommer , ou ſouffrir la confuſion de n'eſtre plus regardez que comme des menteurs indignes d'eſtre jamais crus.* Et aprés avoir eſté 30. ans à ſouffrir cette *confuſion*, plutoſt que de ſatisfaire à ce defy ; enfin ſe trouvant reduits à la neceſſité ou
de parler, ou d'abandonner leur P. Hazart comme coupable de calomnie, ils vous
font dire nettement & ſans circuit , que ce Deiſte marqué par A. A. eſtoit M. d'Andilly. Ce qui eſt une extreme impudence , comme vous en devez avoir eſté con-
vaincu par ce qui en a eſté dit par avance dans le 3. Factum. *Comment auroient-ils
pu nommer ce Deiſte imaginaire qu'ils ne pouvoient plus dire eſtre Antoine Arnauld?
Il falloit donc en trouver un autre à qui convinſſent ces* 4. *marques.*

1. *Que ſon nom & ſon ſurnom commençaſſent par A. puiſque le Sr. Fileau l'avoit
deſigné par A. A.* Or Mr. d'Andilly s'appelloit *Robert.* Il auroit donc dû eſtre deſigné par R. A. ou en ajoutant ſa ſeigneurie par R. A. D. A. ou en omettant ſon nom
de bapteſme, quoy qu'on ne l'omette point aux autres , par A. D. A. & ainſi c'eſt
une fauſſeté dont on ne s'eſt aviſé qu'apres coup de vouloir que ce ſoit luy que Fileau
ait marqué par A. A.

2. *Que ſa profeſſion eut quelque rapport à ce qu'on a pretendu avoir eſté traitté dans
cette aſſemblée.* Or on a fait voir que la profeſſion de Mr. d'Andilly n'y en a eu aucun.

3. *Qu'il n'eut pas eſté d'une pieté ſi connue, qu'on n'eut pu luy imputer ſans ſe rendre ridicule le comble de l'impieté.* Or toute la France ſçait qu'il n'y a gueres de perſonne dans l'Eſtat ſeculier dont il ſoit plus certain, qu'il a eſté d'une pieté ſi connue qu'on n'a jamais pu, ſans ſe rendre ridicule, luy imputer le comble de l'impieté,
tel qu'eſt le Deiſme.   4. *Qu'il*

4. *Qu'il eut fait depuis le temps de cette assemblée quelque ouvrage qui tendit au dessein que l'on suppose y avoir esté pris : car c'est un des caracteres auquel le Sr. Fileau a voulu qu'on en reconnut les personnages.* Et Mr. d'Andilly n'en a fait aucun qui ne tende à un dessein tout contraire.

Rien n'est donc plus insensé que de le vouloir faire passer pour le Deiste A. A.

Donc ce Deiste A. A. aussi bien que tous les autres dont on a composé cette assemblée, n'ont jamais esté que des hommes imaginaires.

Donc cette assemblée ou conference, n'est d'une part que le fruit malheureux d'une malignité diabolique ; & de l'autre, le plus sot conte & le plus mal inventé qui fut jamais.

Donc le P. Hazart & tous les autres Jesuites qui s'opiniastrent à le soutenir, ne doivent estre regardez que comme des menteurs indignes d'estre jamais crus, à moins qu'ils ne se resolvent à reparer par une humble penitence le scandale d'un si grand excez, & à en demander publiquement pardon à Dieu & à l'Eglise.

TROISIEME PARTIE
DU IV. FACTUM.

Sur les autres calomnies du P. Hazart.

IL y a eu raison de commencer, comme vous avez fait, par la 4. Calomnie, parce qu'elle est incomparablement la plus importante. Mais on ne voit pas de sujet de renverser l'ordre des trois autres : & ainsi nous les laisserons chacune dans leur rang naturel.

DE LA I. CALOMNIE. *Que le pere de M. Jansenius a esté Calviniste.*

Les galimathias & les impertinences dont vous remplissez 4. ou 5. pages de vostre Réponse, n'empechent pas qu'on ne voie que le P. du Bourg Jesuite de Bordeaux & le P. Hazart aprés luy, ont avancé une fausseté contre l'honneur du bisaieul des Demandeurs Pere de M. Jansenius, quand ils ont dit *qu'il estoit Calviniste* : & que ce qui les rend inexcusables, est que le premier de ces deux Jesuites qui a esté suivy par le second, ne l'a supposé temerairement sans en avoir la moindre preuve, que pour en tirer cette maligne conclusion contre Mr. Jansenius: *Qu'il ne faut pas s'estonner, s'il a soutenu si opiniatrement des sentimens conformes aux sentimens heretiques qu'on luy avoit si souvent inculquez pendant sa jeunesse.*

On peut voir la fin du 3. Factum

Il ne reste donc qu'à dire un mot de cette parenthese du P. Hazart dans son Ecrit à Mr. l'Internonce : *Si c'est un deshonneur à cette famille que le pere de Jansenius ait esté heretique.* Vous pretendez qu'on a eu grand tort d'y trouver à redire, parce que ce ne seroit pas faire une injure à la Reyne de Suede, & à d'autres Princes d'Alemagne de dire que leurs Peres ont esté Lutheriens ou Calvinistes. Vous vous imaginez que cela est fort convainquant & ce n'est qu'un sophisme ridicule.

Car ce seroit témoigner qu'on n'a que de l'indifference pour toutes sortes de Religions, comme font les libertins, de ne pas avouer qu'au jugement des Catholiques c'est un honneur à une famille, que Dieu luy ait fait la grace de demeurer ferme dans la veritable & ancienne Religion en un temps & en un lieu où elle estoit persecutée fecutée par les heretiques. Rien n'eſt plus ridicule que de reprocher ſur cela à voſtre adverſaire de n'avoir pas ſçu , *que jamais le P. Hazart ne s'eſt meſlé d'expliquer les loix du point d'honneur.* Cela ſeroit bon , s'il s'agiſſoit d'un honneur mondain. Mais un Preſtre , un Religieux, peut-il ignorer que c'eſt un honneur chreſtien, qui doit eſtre cher à tout zelé Catholique, de pouvoir rendre graces à Dieu de ce qu'eſtant né de vrais fidelles, il a pû dés ſon enfance ſucer le lait de la foy & de la pieté.

Lors donc que Dieu a fait cet honneur à une familie, c'eſt luy faire injure que de le luy vouloir ravir, en publiant fauſſement qu'elle eſt deſcenduë d'heretiques. Pauvre ou riche, il n'importe : & c'eſt eſtre bien remply de l'eſprit du monde, & ne connoiſtre gueres celuy du Chriſtianiſme, que d'emploier comme vous faites tant de termes mepriſans pour reprocher la pauvreté comme une tache honteuſe, à une famille ſi eſtimable pour ſa fidelité envers Dieu. Liſez l'Epiſtre de S. Jacques, & rougiſſez de ne ſçavoir pas combien c'eſt un grand peché de preferer les riches aux pauvres en matiere de religion, comme ſi l'honneur & les avantages qu'on en reçoit, n'eſtoient pas encore plus pour les pauvres que pour les riches.

Vous vous égarez doublement , lorſque pour juſtifier une parole peu religieuſe de voſtre P. Hazart, & faire paſſer pour une delicateſſe ridicule des Demandeurs, d'avoir pris à injure qu'on eut dit fauſſement de leur biſaieul, qu'il eſtoit Calviniſte, vous nous venez dire, que *la Reyne de Suede & autres Princes d'Allemagne,* (que vous appellez en voſtre jargon *de hautes perſonnages*) auroient bien plus de raiſon de tenir à deshonneur que l'on dît d'eux qu'ils ſont nez de parens heretiques , que n'en peuvent avoir des payſans parens de Janſenius. Car d'une part on vient de vous monſtrer que la condition n'y fait rien ; & il faut de l'autre avoir peu de diſcernement pour ne pas voir, que comme ce n'eſt pas faire injure à une perſonne de ne luy pas donner ce qui ne luy appartient pas, mais que c'eſt luy faire injure, de luy ôter ce qui luy appartient, il en eſt de meſme en cette rencontre. Ce n'eſt pas faire injure à une famille quelque relevée qu'elle puiſſe eſtre, de n'en dire que ce qui eſt certain, notoire & connu de tout le monde. Mais ce ſeroit faire injure à une autre famille, quoy que peu conſiderable ſelon le ſiecle, d'en dire la meſme choſe, ſi on le diſoit ſans preuve & contre la verité. On peut dire ſans eſtre injurieux à la maiſon de Longueville qu'elle vient d'un baſtard, parce que perſonne ne l'ignore. Mais il n'y a point de petit gentilhomme qui ne ſe tint offenſé qu'on dit la meſme choſe de ſa famille, & qui ne demandaſt reparation à celuy qui l'auroit dit, s'il l'avoit dit fauſſement. Et pour achever de vous convaincre, que vous raiſonnez tres-mal, en pretendant qu'on ne doit point de reparation pour un fait faux, parce qu'on n'en devroit point s'il eſtoit vray & reconnu tel par tout le monde, on n'a qu'à vous demander ſi le P. Hazart n'auroit point droit d'en demander à celuy, qui auroit écrit dans un livre public que ſon Pere eſtoit Juif & grand blaſphemateur de J. C. ou parent de cet execrable parricide Jean Chaſtel, dont la mere s'appelloit Deniſe Hazart? N'avouerez vous pas que ſi cela eſtoit vray on ne luy en devroit point de reparation, mais qu'eſtant faux, comme il eſt dit, on luy en devroit.

DE LA 2. CALOMNIE. *Que Janſenius eſtant devenu grand contrefit le Catholique : ou parut exterieurement Catholique.*

Comme vous n'avez fait que copier ce qu'a dit le P. Hazart il vaut mieux l'écouter, & faire voir l'impertinence de la preuve que vous avez priſe de luy, pour mon-

ſtrer

ftrer que dans ce fecond point il avoit traité Janfenius plus favorablemenr qu'il ne le meritoit.

Il avoüe que fa phrafe Flamande donne cette idée, *Janfenium externa fpecie fuiffe Catholicum*: mais qu'il n'avoit pas nié, *etiam interne fuiffe Catholicum*. Comme fi en difant du fils d'un Juif qu'en un certain temps, il auroit paru exterieurent chreftien, ce ne feroit pas faire entendre qu'il auroit contrefait le Chreftien.

Mais il pretend dans la fuite en avoir dit moins qu'il n'en pouvoit dire, comme il paroift, dit-il, par une lettre écrite de Louvain en 1620. ou il parle ainfi: *Il y a deja-long temps que le Synode de Dordrecht eft achevé. Ils y fuivent prefque entierement la doctrine des Catholiques au fait de la Predeftination & de la reprobation.* Il ne rapporte que cela: mais pourquoy ne pas adjoufter ce que vous avez bien vu qu'il falloit mettre: *Retranchant ce qu'il y avoit d'aigre dans l'opinion de Calvin, hormis qu'ils qu'ils retiennent la certitude de la predeftination & l'inamiffibilité de la juftice, & quelques autres fautes.*

Et c'eft par-là que le P. Hazart pretend prouver que Janfenius n'eftoit point Catholique dans le cœur, quoy qu'il le parut au dehors: parce qu'il fuppofe ridiculement auffi-bien que vous, aprés voftre P. Pintereau travefti en gentilhomme, que dans la matiere de la predeftination & de la reprobation (quoy qu'on n'y melaft point la certitude de la predeftination & l'anamiffibilité de la juftice, ce qui regarde plutoft la juftification) *le Concile de Trente eft oppofé directement à celuy de Dordrecht, & qu'il enfeigne tout le contraire.* Mais il n'y a rien de plus faux que cette fuppofition. Car, comme à remarqué judicieufement le Pere Veron, *L'on trouve dans le Concile de Dordrecht une abjuration formelle de la doctrine de Calvin fur la reprobation, en ces termes.* ,, Les Eglifes reformées non feulement ne recon-,, noiffent point, mais mefmes deteftent de tout leur cœur ces abfurditez & ces ,, erreurs: Que Dieu par le feul & pur plaifir de fa volonté, fans nul refpect ou ,, regard'a aucun peché, à predeftiné & créé à la damnation eternelle la plus gran-,, de partie du monde: Que ne plus ne moins que l'election eft la fontaine & la ,, caufe de la foy & des bonnes œuvres, que tout de mefme la reprobation eft la ,, caufe de l'infidelité & impiete. *Qui toutefois* (adjoufte le P. Veron) *font deux* ,, *articles enfeignez par Calvin fur cette matiere, & par les Confeffions calviniftes* ,, *prifes en leur vray fens.* Il eft donc faux que le Concile de Trente & celuy de Dordrecht foient directement oppofez fur cette matiere, puifque ce dernier s'étant retiré des extremitez impies de Calvin, s'eft reduit à ce qui s'enfeigne communement dans les Ecoles catholiques. On voit la mefme chofe dans Meffieurs de Wallenbourg. *In Compendio Controv. particul. c. 54. Les Reformez fuivent communement en ce temps-cy fur la matiere de la predeftination & de la reprobation, les Thomiftes & Bellarmin: & il n'eft pas neceffaire de rechercher ce qu'ils ont crû autrefois.* Or rien ne leur eft encore de plus grande autorité que le Synode de Dordrecht, comme il paroift en ce qu'ils l'ont fait figner depuis peu à tous les Miniftres de France refugiez en Hollande. Afin donc que voftre glofe ne fuft pas impertinente, il faudroit que la doctrine des Thomiftes & de Bellarmin fur cette matiere, que fuivent prefentement les approbateurs du Synode de Dordrecht, fuft directement oppofée a celle du Concile de Trente. Ce que ni vous ni perfonne n'avez garde d'avoüer. Il n'y a point auffi prefentement d'habiles controverfiftes

qui

qui ne demeurent d'accord, que nous n'avons plus de different avec les Calviniftes de ce temps-cy, quelques attachez qu'ils foient au Synode de Dordr̨echt, fur la matiere de la Predeftination & de la reprobation , fi on en excepte l'inamiffibilité de la juftice & la certitude de foy divine qu'ils veulent qu'aient tous les vrais fidelles de leur predeftination. Mais quoy ! on a beau vous le reprocher ; vous tacherez toujours de tromper les fimples par ce ridicule fophifme : Telle ou telle chofe fe trouve dans Antonius de Dominis , ou dans la verfion de Geneve, ou dans un Synode heretique, donc c'eft ou une herefie, ou une falfification de l'Ecriture, ou une doctrine contraire à celle du Concile de Trente.

De la 3. Calomnie. *Que Janfenius s'enfuit d'Efpagne fur le point qu'il alloit eftre pris par l'Inquifition pour y avoir debité fa nouvelle doctrine.*

Cette calomnie a efté fuffifamment deftruite par le 1. Factum. On peut reduire à deux chefs ce qu'on en a dit.

Le 1. eft. Un fait injurieux à la memoire d'un Evéque fage , pieux & fçavant, ne peut eftre publié fans calomnie, ny cru fans peché, à moins qu'il ne foit bien attefté , & appuié de preuves capables de perfuader des perfonnes de confcience & de jugement. Or le fait dont il s'agit eftant d'une part fort injurieux à un grand Evefque, n'a rien à l'egard des preuves dont il devroit eftre appuié, qui ne contribue à le faire rejetter comme indigne de toute creance.

On n'en fçait que ce qui s'en trouve dans un mechant libelle couvert de papier bleu d'un Jefuite de Bordeaux , qui a pour titre : *Hiftoire du Janfenifme contenant fa conception, fa naiffance, fon accroiffement , & fon agonie par le R. P. du Bourg de la Compagnie de Jefus.* Ce qui fait affez voir que c'eft un ennemi declaré & outrageux, qui felon toutes les loix ne peut eftre cru en ce qu'il dit contre ceux qu'il a entrepris de decrier, quand il n'en donne aucune preuve.

Ce P. Moyfe du Bourg ne rapporte cette pretendue fuite d'Efpagne de Mr. Janfenius pour eviter d'eftre mis a l'Inquifition , que 32. ans depuis le temps que ce fait feroit arrivé, s'il eftoit vray. Car ç'auroit dû eftre en 1624. ou 1625. Et ce libelle n'eft que de 1658. Quelle apparence que les Jefuites d'Efpagne n'en euffent rien fçu , & que l'aiant fçu , ils n'en euffent rien fait fçavoir à leurs Confreres des Pays-bas pendant tout ce temps-là.

Quand il diroit qu'il en a efté témoin , fon témoignage ne feroit pas recevable, eftant feul, & ennemi declaré. Mais il n'avoit garde de le dire, parce qu'apparemment il n'avoit jamais efté en Efpagne. Il devoit donc nous dire de qui il l'avoit appris s'il vouloit qu'on le cruft , & c'eft ce qu'il ne fait point. Son ignorance dans les affaires de Mr. Janfenius fait affez voir que c'eft une medifance forgée à plaifir. Il parle de fon voiage d'Efpagne comme s'il n'en avoit fait qu'un, au lieu qu'il en a fait deux, l'un en 1624. & l'autre en 1625. Et c'eft ce qui auroit embaraffé ce Jefuite Bordelois : car en mettant fon conte au premier voiage de Janfenius, la fauffeté en eut paru vifible, parce qu'il n'auroit eu garde d'y retourner une feconde fois. Et en le mettant au deuxiéme, elle eut paru d'une autre maniere , en ce qu'il eft infaillible qu'un fi facheux accident auroit defconcerté toute fa negotiation, & qu'il s'en feroit retourné tout honteux à Louvain ; au lieu qu'il eft certain qu'il s'y en retourna

Valer. Andr. in faftis Academicis p. 393.

glo-

glorieux , aiant obtenu tout ce que l'Université de Louvain avoit demandé à Sa Ma-
jesté Catholique pour arrester les entreprises des Jesuites.

Enfin un auteur d'ailleurs si peu digne de creance , en est tout à fait indigne à
l'egard d'un fait peu croiable de soy-mesme , lors que dans le mesme endroit il avance trois autres faussetez manifestes contre la mesme personne. Et c'est ce qu'a fait ce
Jesuite de Bordeaux.

La ..t. Que le Pere de Jansenius estoit Calviniste , &c. c'est la premiere calomnie , dont la fausseté est prouvée d'une maniere convaincante dans le 1. & le 3. Factum.

La 2. est : *Que Jansenius estant de retour à Louvain aprés cette longue course
qu'il avoit faite en France , il fit tant par ses intrigues que sous le titre de pauvre
Catholique Hollandois , il fut fait Boursier d'un College , ou l'on faisoit la distribu-
tion de certains deniers pour l'entretien de tels pauvres Ecoliers.* Impudent mensonge , refuté par Actes publics , puisqu'aussi-tost qu'il fut retourné à Louvain l'an
1617. il prit le bonnet de Docteur en Theologie , & fut fait President du College de S. Pulcherie : *Lovanium revocatus novo Collegio D. Pulcheriæ præficitur.*

Fasti Acad. p. 138.

La 3. est une medisance infame , qui est que ce *bon Boursier voloit l'argent du
College pour paier la pension de deux Neveux de l'Abbé de S. Cyran.* Toutes faussetez. 1. M. l'Abbé de S. Cyran n'avoit qu'un Neveu à Louvain , & non pas deux.
2. Si M. Jansenius n'avoit esté que Boursier , comment auroit-il pû disposer des biens
du College. 3. Ce prétendu vol est une calomnie atroce répanduë en plusieurs libelles
des Jesuites , dont ils ont esté convaincus dans la 16. Lettre Provinciale en ces termes.
" Je vous diray en un mot sur cette fable que vous avez semée dans tous vos écrits
„ contre M. d'Ipre , que vous abusez malicieusement de quelques paroles ambigues
„ d'une de ses lettres qui estant capables d'un bon sens doivent estre prises en bonne
„ part selon l'esprit de l'Eglise , & ne peuvent estre prises autrement que selon l'esprit de
„ vôtre Societé. Car pourquoy voulez-vous qu'en disant à son Amy : *Ne vous mettez
„ point tant en peine de vostre Neveu ; je luy fourniray ce qui est necessaire de l'argent
„ qui est entre mes mains ;* il ait voulu dire par là , qu'il prenoit cét argent pour ne
„ le point rendre , & non pas qu'il l'avançoit seulement pour le remplacer ? Mais
„ ne faut-il pas que vous soiez bien imprudens d'avoir fourny vous-mesmes la con-
„ viction de vostre mensonge , par les autres lettres de M. d'Ipre , que vous avez
„ imprimées , qui marquent visiblement , que ce n'estoit en effet que des *avances
„ qu'il devoit remplacer.* C'est ce qui paroît par celle que vous rapportez du 30.
„ Juillet , en ces termes qui vous confondent : *Ne vous souciez pas* DES AVANCES ,
„ *il ne luy manquera rien tant qu'il sera icy.* Et par celle du 6. Janvier 1620. où il dit.
„ VOUS AVEZ TROP DE HASTE , *& quand il seroit question de rendre compte ,
„ le peu de* CREDIT *que j'ay icy me feroit trouver de l'argent au besoin.*

Qui pourra donc croire que sur la parole d'un aussi hardy menteur qu'a esté ce
P. du Bourg , on puisse adjouster foy sans un grand peché à cette 3. calomnie qui
n'a que luy seul pour garand.

Cependant le P. Hazart est bien d'un autre sentiment. Car il prouve par la Preface de ce Livre du P. du Bourg qu'il doit-estre d'une grande autorité. *Cujus hic li-
ber authoritatis sit patet ex præfatione Authoris* : dont il rapporte ces paroles.

Voila ce que contient cette histoire , ou je justifie MON NARRE' *par les* PIECES AU-
THENTIQUES *que j'y produis de Constitutions du Pape , des Declarations du Roy , des*
or-

ordonnances, refolutions, & lettres circulaires des Affemblées de Noffeigneurs les Pre-
lats, des decrets des Univerfitez & par d'autres telles pieces.

Il faut donc que voftre bon P. Hazart ait raifonné en cette maniere. On ne me
doit point blâmer d'avoir fuivy un Hiftorien *qui juftifie fon narré par des pieces au-*
thentiques, Conftitutions du Pape, Declarations du Roy & le refte. Or dans les points
où on trouve mauvais que j'aye fuivy le P. du Bourg mon Confrere, *il ne juftifie*
point fon narré par ces pieces authentiques, conftitutions du Pape, declarations du
Roy, &c. mais il parle de luy-même, fans apporter aucune preuve de ce qu'il dit.
On a donc grand tort de me blâmer pour l'avoir fuivy, & de me faire un procés
en reparation d'honneur ayant un fi bon garand.

Le 2. chef de preuves contre cette 3. calomnie, eft pris de la perfonne de M.
Janfenius ; de l'eftime qu'on faifoit de luy en Efpagne; de la 1. Chaire de Theologie qui luy fut donnée par le Roy cinq ans aprés fon retour; de fon élevation à
l'Épifcopat, &c.

Mais on avoue que tout cela ne fait que blanchir, quand on a à faire à un homme comme vous, qui met tout en œuvre pour foutenir les plus enormes fauf-
fetez, jufques à y emploier des chicaneries qui pourroient rendre croiables, fi
on y avioit égard, les plus noires impoftures qu'on auroit avancées contre les
perfonnes les plus innocentes. Car on a cru jufques icy que rien n'eftoit plus
propre à détruire une accufation intentée contre un homme qui auroit toûjours paffé pour homme de bien, que de faire voir une infinité de marques con-
traires à ce qu'on luy impute, dans toute la conduite de fa vie. C'eft par là que
S. Jerôme fe défend d'une accufation atroce qu'on avoit répandue contre luy à l'occafion de Sainte Paule. *Je paffois*, dit il, *auparavant pour un Saint: on me louoit, on*
m'eftimoit. Eft-ce donc que depuis que j'ay connu Paule, toutes mes vertus m'ont
abandonné ? Il faut des preuves bien convaincantes pour contrebalancer la force
de ces préjugez naturels en faveur d'un accufé. Mais cela n'eft vray que quand on
a à faire à des perfonnes raifonnables. Car qui pourroit empécher un chicaneur qui
vous reffembleroit, de dire, que ces beaux difcours de Jerôme ne prouvent rien,
parce que luy & la Dame Paule pouvoient eftre des hypocrites & n'avoir qu'une
vaine apparence de pieté. C'eft par là auffi que vous croiez avoir fort bien ren-
verfé toutes les preuves que l'on avoit rapportées dans le premier Factum, de la
pieté de l'Evefque d'Ipre & de fon zele pour la foy de l'Eglife Catholiqne. *L'hy-*
pocrifie, dites-vous, *a efté de tout temps le prélude & le fignal d'attaque des here-*
tiques. C'eft ce qu'a fort bien montré le docte François Simonis. Et leur fecond cara-
ctere eft de faire parade d'une finguliere charité envers Dieu. Et fur ce qu'on vous
avoit dit des excellens livres de Janfenius pour défendre la foy de l'Eglife Catholique : *Il peut*, répondez-vous, *avoir efté pouffé pluftoft par l'ambition de triompher*
de fon adverfaire, que par le zele de faire triompher la vraye Eglife. Quelle affurance
avons-nous, qu'il n'a point vifé par cet acte exterieur éclatant à faire evanouir l'om-
bre qu'il avoit laiffé en Efpagne.

Mais ce que vous ajoûtez eft le rempart le plus favorable à la calomnie, que le
Demon mefme puft inventer. Car qui le pourroit forcer fi on laiffoit paffer pour
vraye la maxime déteftable que vous pofez en ces termes : *Finalement il faut de-*
truire ces fortes de doutes pour faire fubfifter la conclufion du Factum. La *conclufion*

D 2

eft :

eſt : Que l'on doit croire que M. Janſenius a eſté bon Catholique, parce qu'il en a donné une infinité de marques dans toute la conduite de ſa vie. Et les *doutes* que vous prétendez *qu'il faut detruire avant que cette conclusion subſiſte*, c'eſt : Qu'il a pû eſtre hypocrite, & n'avoir fait que par ambition & par vanité ce qu'il paroît avoir fait pour défendre l'Egliſe. Or il n'y a perſonne de qui on ne puiſſe former de ſemblables doutes, qu'il ſera impoſſible de detruire, s'il ſuffit de dire, qu'un tel homme qui paroiſt fort homme de bien par toutes ſes actions, peut eſtre un hypocrite, & n'agir que par vanité lors qu'il ſemble agir pour l'Egliſe. Car l'hypocriſie & la vanité eſtant des vices ſpirituels cachez dans le fond du cœur où Dieu ſeul penetre, pour pouvoir detruire des doutes que l'on ne fonde que ſur la poſſibilité de ces vices, il faudroit pouvoir montrer à nu le fond du cœur des perſonnes calomniées. Or c'eſt ce que Dieu ne fait point pendant cette vie. Il ſera donc impoſſible d'arreſter jamais l'impudence d'un calomniateur qui aura entrepris de faire paſſer pour un méchant homme le plus homme de bien du monde, puiſque quoy qu'on luy puiſſe dire de la bonté, de la charité, de la pieté qui paroiſt dans toute la conduite de cette perſonne, il ſe pourra toûjours retrancher dans ce rempart, dont on ne pourra jamais le tirer, ſi on vous en croit : que tout cela ne prouve rien, parce que ce peut eſtre un hypocrite, ou un ambitieux qui n'agit que par vanité. Ne vous vantez pas neanmoins d'eſtre le premier auteur de cét avantage que vous donnez aux médiſans. Vous l'avez pû apprendre du diable, qui, comme remàrque S. Gregoire, ne voulant pas demeurer d'accord que Job meritât les louanges que Dieu luy donnoit, s'aviſa, auſſi-bien que vous, de luy oppoſer, que tout le bien que ce ſaint homme faiſoit pouvoit eſtre corrompu par le ver d'une mechante intention, en ce qu'il ne ſervoit pas Dieu pour Dieu, mais pour les recompenſes temporelles qu'il en tiroit.

C'en eſt aſſez pour ce general. Mais comme il y a long-temps que j'ay interrompu la ſuite de vos fauſſetez, il eſt bon de les reprendre, & compter pour la 19. l'exemple de M. Arnauld, que vous apportez pour montrer, que quelques beaux que ſoient les livres de Janſenius contre le Miniſtre Voetius, ils ne prouvent point qu'il ait eſté bon Catholique & qu'il ait aimé l'Egliſe. Car aprés avoir dit, *que la meſme batterie qui a renverſé les deux autres boulevarts, fait de meſme de celuy-cy.* Par où vous marquez ce que vous aviez dit, que *l'hypocriſie eſt le premier caractere des heretiques, & le ſecond, de faire parade de la charité envers Dieu*, vous ajoutez ce qui ſuit.

19. F A U S S E T E'.

P. 26. *J'ajoute ſeulement qu'il n'y a rien d'impoſſible à faire promener un livre dans le monde revétu d'un ſi beau titre que celuy de LA PERPETUITE' DE LA FOY, & qu'à meſme temps ſon auteur ſoit retranché d'un illuſtre corps, exilé de ſa patrie, ſans même oſer découvrir ſa teſte chez les étrangers où il eſt refugié, pour ſoutenir ailleurs opiniâtrement des propoſitions erronées, cenſurées par le meſme illuſtre corps, & condamnées par le tribunal du Juge infaillible.*

Que de fauſſetez ou d'impertinences, pour donner quelque couleur à une horrible calomnie.

1. Qu'a à faire la cenſure d'une partie de la Sorbonne contre M. Arnauld avec le livre de *la Perpetuité de la Foy* fait 1 2. ans depuis ?

2. Il

2. Il y a plus de 30. ans qu'on a fait voir la nullité de cette censure, tant pour la forme que pour le fond, sans qu'aucun des censeurs, qui ne manquoient ni d'esprit ni de science si leur cause eut esté bonne, ait osé entreprendre de la soutenir. *Voyez le Phantôme*

3. Ce Docteur n'a point esté *exilé de sa patrie.* Il en est sorti de luy-même pour des raisons qui n'ont point esté improuvées par les personnes d'autorité à qui il en a rendu compte, dont la principale estoit, qu'on luy faisoit un crime de ce que trop de personnes le venoient voir. *du Jansenisme chap. 8.*

4. Il luy a esté libre de se retirer où il luy a plu, & de preferer la solitude à la foule du monde que sa reputation luy attiroit, pour travailler avec plus de paix & moins de distraction à son propre salut, & à ce qu'il pourroit croire que Dieu demande-roit de luy.

5. Il est faux qu'il ait jamais soutenu ni en aucun temps ni en aucun lieu les Pro-positions condamnées. Ce qu'il pense sur le sujet de ces Propositions, a esté envoié au Pape Alexandre VII. en 1663. par l'Evéque de Tournay qui l'estoit alors de Co-minge, & à Clement IX. en 1668. par les Evéques mediateurs de la paix de l'Eglise, & ces Papes n'y ont rien trouvé à redire. C'est ce qu'on a fait voir dans le Phantôme du Jansenisme. Monstrez que ces faits sont faux; ou cessez de tromper le monde par des impostures cent fois ruinées.

6. Ce que vous inferez de tout cela est une medisance bien noire. C'est *qu'on a donné un fort beau titre au livre de la Perpetuité de la Foy :* mais que cela n'empeche pas, qu'on ne puisse croire, que *l'auteur n'a fait promener ce livre dans le monde,* que pour paroistre Catholique, quoy qu'il ne fust pas; & pour faire parade de son amour pour l'Eglise, quoy qu'il n'en eust point. Que peut-on juger d'une Com-pagnie Religieuse dont les Superieurs approuvent ou souffrent, que l'on emploie de telles calomnies, pour en defendre d'autres aussi atroces, publiées par un des siens à qui on en demande reparation.

20. FAUSSETÉ.

Sur ce qu'on avoit dit, que *le livre du P. du Bourg porte sa recusation sur le front, son titre decouvrant manifestement que tout son dessein a esté de decrier des Theologiens tres-catholiques, & d'en faire une secte d'heretiques :* vous prenez la defense de ce Jesuite en ces termes:

Monsieur l'Avocat prendra la peine de nous faire connoistre, qui sont ces fameux Theologiens Catholiques que le P. du Bourg veut faire passer pour des heretiques. Car pour ce qui est des Jansenistes, il est inutile que le P. du Bourg nous en dise, qu'ils sont des esprits vagabonds (c'est à dire heretiques, car c'est de quoy il s'agit) Tout le monde en est persuadé, aprés les decisions des Souverains Pontifes. *p. 16.*

Ouy, on vous l'avoue. Ces Theologiens Catholiques que le P. du Bourg veut faire passer pour des heretiques, sont ceux que vous appellez Jansenistes. Mais il recon-noist luy-mesme qu'ils ne peuvent estre heretiques, que parce qu'ils soutiendroient les 5. Propositions condamnées. C'est par où il commence son libelle : *Par le mot de Jansenisme non entendons* UNE SECTE *qui s'est formée depuis quelques années* POUR SOUTENIR OPINIATREMENT *quelqu'une des Propositions condamnées par le Pape In-nocent X. &c.* Or on a fait voir dans le *Phantôme du Jansenisme* que le Docteur Sa-voyart Auteur *Des Prejugez,* &c. le plus outrageux ennemi de ces pretendus Jan-senistes, a esté obligé de reconnoistre, *que ceux à qui il donne ce nom, distinguent* *chap. 8.* *p. 62.*

le

le droit & le fait : *les Propositions condamnées , & le sens du livre de Janfenius* : <u>*Qu'à*</u>
l'egard du droit ils y acquiescent , & condamnent les 5. Propositions dans tous les sens he-
retiques dans lesquels l'Eglise les a condamnées : *Et que quant au fait, ils promettent un*
silence respectueux. Et que ce mefme Auteur dit encore : <u>*Qu'on ne sçauroit estre he-*</u>
retique pour ne pas soumettre son jugement à la decision d'un fait non revelé , qui non
seulement ne doit pas , mais mefme ne peut estre cru de foy divine ; puisque Dieu n'a jamais
dit que les 5. Propositions font dans le livre de Janfenius. C'eft donc une fauffeté in-
excufable d'affurer , comme vous faites avec tant de hardieffe , que *tout le monde eft*
perfuadé , que les Theologiens que le P. du Bourg a voulu decrier par fon libelle , en
les faifant paffer pour heretiques , le font en effet. Mais il faut en paffant vous faire
encore remarquer que ce mefme paffage du Docteur Savoiard vous a dû apprendre
avec combien de temerité vous avez ofé dire , *que l'on ne sçauroit refufer de croire*
que Janfenius a enfeigné des herefies , fans fe declarer manifeftement heretique : Il n'y
a , felon ce Docteur de Sorbonne fi bon amy d'ailleurs des Jefuites , *que des malitieux*
ou des ignorans qui puiffent parler de la forte. Car on n'eft heretique qu'en refu-
fant de croire ce qui doit eftre cru de foy divine. Or non feulement on ne doit pas,
mais on ne peut croire de foy divine ce qui n'eft pas revelé de Dieu : & jamais Dieu
n'a revelé que les herefies qu'on a condamnées fous le nom de Janfenius , aient efté
en effet enfeignées par Janfenius. Il fuffit donc de les condamner,en elles mefmes,
pour n'eftre point heretique , & il n'eft point neceffaire de croire que Janfenius les
ait enfeignées.

21. F A U S S E T E'.

Peut-eftre voudroit-il deterrer le catholicifme de Janfenius , de ce qu'en mourant
il auroit foumis fon livre à la correction du S. Siege Apoftolique. Dieu le veuille , &
je le fouhaite de toutes mes entrailles , & je voudrois que l'opinion de quelques clair-
voians ne m'empecha d'y donner les mains , qui font d'avis que cette foumiffion eft l'en-
fantement de Henry Calenus & Libert Fromond les Executeurs de fon Teftament.

COMME vous ne nommez point ces pretendus *Clair-voians* , c'eft aux Jefuites
qui diftribuent cette Réponce , & qui par là s'en rendent les approbateurs , quand
ils n'en feroient pas les auteurs , à porter la confufion d'une fi honteufe chicanerie.
Car jufqu'où la paffion de medire ne pourra-t'elle point aller , fi on a la hardieffe de
la porter jufqu'à un fi eftrange excez. On veut pouvoir difputer à un Evéque d'une
eminente pieté le titre de Catholique. Les erreurs qu'on luy attribue ne peuvent
la luy ofter , s'il a toujours efté foumis à l'Eglife. Et on ne peut douter qu'il n'y
ait toujours efté foumis , aprés ce qu'il en a luy-mefme écrit d'une main mourante
dans fon teftament. La derniere fois que le Roy Tres-Chreftien fut à Ipres , une
Religieufe hofpitaliere qui l'avoit affifté dans fa derniere maladie , & qui parloit de
luy comme d'un Saint , racontoit en fondant en larmes à des Seigneurs de la Cour,
qu'elle luy tenoit le bras lorfqu'il écrivoit fon teftament , & elle les conjuroit en mefme temps de prier le Roy de faire reparer l'injure qu'on avoit faite à un fi faint homme en oftant la pierre de fon tombeau. On fait plus aujourd'huy , on voudroit
luy ofter ce qu'on avoue qui feroit une marque de fa catholicité. Et pour en venir
à bout on a l'effronterie de faire paffer pour fauffaires deux excellens Preftres , en
leur imputant d'avoir fourré dans un teftament olographe , ce que de certains *clair-*
voians voudroient qui n'y euft pas efté , afin de pouvoir difputer le titre de Catholique à un Evéque mort en odeur de fainteté.

22. FAUSSETE' CONTRE LE BON SENS.

Je vous ai déja averti de ce que j'entendois par ces fauſſetez contre le bon ſens. Je puis mettre de ce nombre la preuve que vous tirez de quelques paroles d'une lettre de Janſenius du 31. Decembre 1627. pour confirmer la 3. calomnie de ſa fuite d'Eſpagne , lorſque l'Inquiſition l'alloit prendre.

On m'a écrit de delà les monts (Pirenées) que l'Inquiſition a eſtè ſuſcitée contre un Doĉteur de Louvain qui a eſté en Eſpagne , & s'eſt addreſſée à Salamanca au logis de ſon hoſte qui eſtoit le premier Doĉteur de delà & de l'Univerſité , appellé Baſilius de Leon , pour prendre information contre luy comme contre un Hollandois & par conſequent heretique, qui leur répondit tant à l'avantage de ce Doĉteur que le nez leur ſaigna : c'eſt à dire qu'ils laiſſerent-là cette information.

Comment n'avez vous pas vu que bien loin que cela puiſſe ſervir de preuve à voſtre troiſiéme calomnie , rien n'eſt plus propre à en faire voir la fauſſeté.

1. Selon cette lettre ce ne fut qu'à la fin de 1627. lorſqu'il y avoit déja deux ans que Mr. Janſenius eſtoit de retour d'Eſpagne , que l'on pouſſa l'Inquiſition à informer contre luy ; au lieu que ſelon la calomnie du P. du Bourg , elle avoit déja tellement informé contre luy dés 1624. ou 1625. qu'elle avoit eſté dans ſon logis pour le prendre , ce qu'il n'avoit evité que par la fuite.

2. Vous dites vous meſmes , *que vous ne trouvez point de difficulté à croire que les Jeſuites auroient averti l'Inquiſition , & meſme qu'ils auroient ſoigneuſement obſervé ſes demarches en Eſpagne.* Ils auroient donc ſçu ce que conte le P. du Bourg , de l'année 1625. Et comme un homme qui s'enfuit donne un grand ſujet à ſes ennemis de le faire paſſer pour coupable, ils n'auroient pas manqué de s'en prevaloir contre luy à la Cour d'Eſpagne, & d'en donner avis à leurs Confreres des Pays-bas pour luy nuire auprés de l'Infante. Au lieu qu'ils ne pouvoient tirer aucun avantage de ce qui eſtoit arrivé ſelon la lettre , que vous citez à la fin de l'année 1627. parce qu'il ne s'y eſtoit rien paſſé que de favorable à Janſenius.

3. Il paroiſt parce que les Jeſuites rapportent de ces lettres de M. Janſenius, qu'il ne cachoit rien à ſon ami. Pourquoy donc n'y trouveroit-on pas ce que conte le P. du Bourg de la piece que les Jeſuites luy auroient faite en 1625. en le voulant faire prendre par les officiers de l'Inquiſition , de quoy la fuite ſeule l'auroit preſervé , comme on y trouve l'information qu'ils avoient voulu faire contre luy en la ville de Salamanque. Car pourquoy auroit-il caché l'un pluſtoſt que l'autre à ſon ami intime , qu'il avoit pris pour confident de ſes plus ſeĉrettes penſées.

23. FAUSSETE' CONTRE LE BON SENS.

On apprend d'une autre lettre du 23. Juillet 1633. Qu'un Courtiſan parlant de P. 17. *Janſenius avoit dit : Qu'il n'y avoit pas d'apparence d'avancer un homme qui avoit eſté mis à l'Inquiſition , & qu'il ne le ſeroit jamais.*

Mais que cela peut-il prouver , ſinon que quelque Jeſuite ou quelque autre ennemy de ce Doĉteur , le voulant decrier avoit fait accroire à ce Courtiſan qu'*il avoit eſté mis à l'Inquiſition :* ce que vous ne pouvez pas nier qui ne ſoit faux. C'eſt donc bien manquer de ſens commun , que d'avoir cru pouvoir tirer quelque avantage de ce menſonge.

24. FAUSSETE'.

Vous pretendez prouver par ces meſmes lettres , *que Janſenius eſtoit d'intelligen-* P. 19. *ce* & 20.

*ce avec Antoine de Dominis, qui avoit esté long-temps Jesuite, & qu'il applaudis-
soit à ses ecrits envenimez contre l'autorité supreme des Vicaires de J.C.* Mais c'est
par des consequences si insensées que je n'ay pu me resoudre à perdre mon temps à
les refuter.

25. F A U S S E T E'.

P. 36.
Les notes Vendrochiennes condamnées à Rome.

Cela est tres-faux. Et ç'a esté au contraire le livre que les Jesuites ont fait contre
ces Notes, intitulé: *Notæ in Notas Wilhelmi Wendrochii*, qui a esté condamné à Rome.

26. F A U S S E T E'.

Ibid.
*Les Lettres Provinciales ont esté retraBées & detestées par son propre auteur quand
il estoit empeché d'ajuster son compte avec son Sauveur.*

Autre fausseté non moins grossiere, que Mr. Pascal ait retracté & detesté les Lettres Provinciales avant que de mourir. C'est aux Jesuites, qui l'ont avancée dans leurs
Theses, & qui la repandent dans le monde, à en donner des preuves. Il y a plus
de 20. ans qu'on a fait voir par un Ecrit imprimé qui est demeuré sans Réponse, que
ce que Mr. Pascal avoit dit à son Confesseur dans sa derniere maladie, d'un petit
different entre luy & ses amis, avoit esté mal pris par ce Confesseur, comme il l'a
avoué depuis. Mais ce qui est indubitable, est que cela ne regardoit en aucune sorte
les Lettres Provinciales.

On ne pretend pas avoir remarqué toutes les faussetez & toutes les impertinences de cette Reponse au Factum. Ce seroit un travail infini, & qui ne feroit qu'en-
nuier le monde. Car elle en est toute pleine. Mais on ne croit pas avoir rien omis
de ce que l'on pourroit juger estre propre à justifier le P. Hazart. Or c'est de cela seul
qu'il s'agit, tout le reste ne pouvant estre que des declamations hors de propos. Que
si ce Pere est d'un autre avis, & qu'il pretende qu'on n'a pas répondu à diverses
choses, dont il peut tirer avantage pour n'estre point obligé de faire la reparation
qu'on luy demande, il n'a qu'à les emploier dans les contredits qu'on attend de luy,
depuis si long-temps; & on luy promet de le satisfaire.

Mais quel est son aveuglement, de ne pas voir, qu'il feroit bien mieux de reconnoître
sa faute & de s'en humilier, que de scandaliser l'Eglise par une si longue obstination
dans une si mauvaise cause. Le tems presse. Il n'est peut-estre pas loin du jour où il
comparoistra devant le Souverain Juge. Et qu'en peut-il attendre que d'estre accablé
par cette parole foudroiante de son Apostre, *Maledici regnum Dei non possidebunt*, s'il
n'a soin presentement de prevenir ce terrible arrest en se condamnant luy-mesme.
Qu'il le fasse donc enfin, & qu'il n'écoute point ceux qui luy voudroient persuader que la consideration de son honneur, ou de celuy de sa compagnie, le doit
emporter sur l'obligation qu'il a de satisfaire à un devoir si indispensable. C'est un
honneur bien mal entendu à l'égard d'un Chrestien & d'un Prestre, que celuy que
l'on s'imagine qui seroit blessé par la honte salutaire d'une penitence proportionnée
au crime que l'on a commis : & rien ne peut davantage deshonorer la Societé, que
la part qu'elle paroist prendre à la continuation d'un tel scandale, que celuy qui en est
le chef peut arrester par une parole. Car c'est alors qu'on peut dire avec verité ce qu'a
dit un Ancien :

QUI NON VETAT PECCARE CUM POSSIT, JUBET.